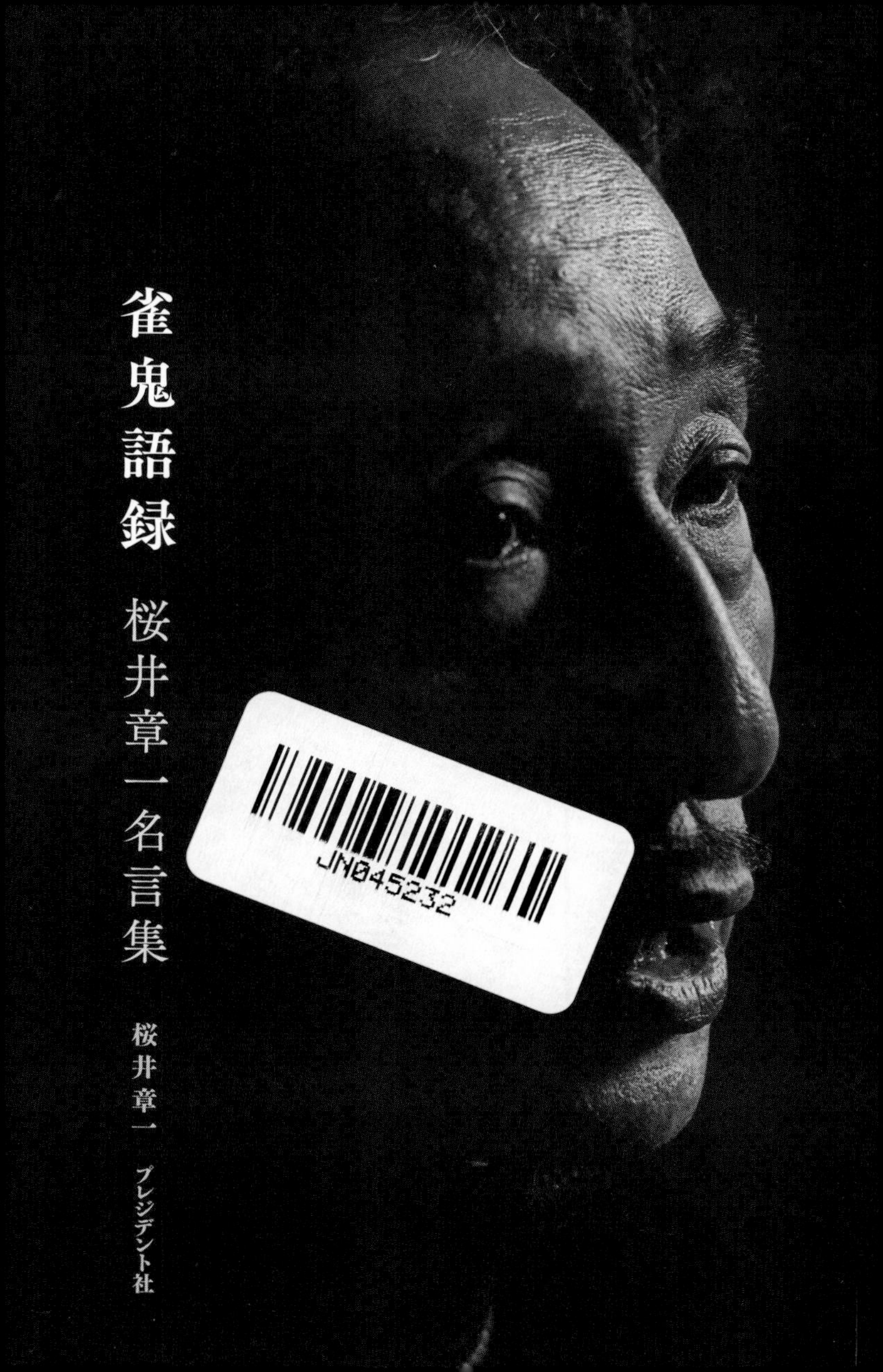

雀鬼語録

桜井章一名言集

桜井章一

プレジデント社

JN045232

まえがき

今はまっとうに生きるのが難しい時代だと思う。科学技術の発展によって、人々の生活は快適で便利なほうへと進歩しているはずなのに、それとは反対に、生気を欠いた心を抱き、先の見えない不透明さと不安に覆《おお》われているかのように見える人は少なくない。

そうした状況に拍車をかけているのが、最近注目されているChatGPTとかいうＡＩ（人工知能）の技術である。聞けば、議員が国会で答弁する文書や裁判で使う資料、はたまた小説まで、リクエストすれば即座に応答してくるＡＩのサービスだという。まるで人間のように流暢《りゅうちょう》かつ正確に答える驚異的な知能ぶりに、人間社会のあり方が根底から変わるのではないかという議論も盛んにされている。

ＡＩは人間の代わりとなる優れた能力を備えているわけだが、このままどんどん進化していけば、人が現在やっている仕事のうち、かなりの割合がなくなり、人を人たらしめている意義が根本からぐらつくだろう。簡単にいえば、何のために生きているのかという人の存在理由を、ＡＩ技術の進化は否定してしまいかねないところに近づいているのである。

実際そうなったとき、人はどう生きればよいだろうか。どんなことを考え、何に価値を置いて動けばいいのか。重い問いを、人類はこれから突きつけられようとしている。


ＡＩが今後凄《すさ》まじい勢いで進化しても、絶対に人間の代わりにならないものがある。それは生身の「体」と「心」である。

心についていえば、ＡＩが微細に心をコピーできればそれも心の一つだという専門家がいるが、ホンモノの心とは決定的に違うものがある。それは「共感能力」だ。

人は共感能力があるからこそ、仲間や家族を信じることができるし、それが原動力となって社会を築くことができる。共感能力は、人が人とともに生きていくうえで絶対に欠かせない重要なものである。ＡＩがどんなに進歩しても、この共感能力は持ち得ない。

ＡＩが取って代わることのできない人の心と体。この二つのものを貫くのが〝感覚〟である。この感覚の世界を私は何よりも大事にしている。

私はかつて、麻雀の代打ち（政治家や財界人の代わりに麻雀を打つことを生業《なりわい》とする者）として勝負の世界に身を置いていた。文字通り命の懸かった真剣勝負も幾度かあったが、現役時代の20年間は一度たりとも負けることはなかった。

勝負師として生きていくうえで土台となったものは、心を研ぎ澄ますことで生まれる感覚であった。勝負や人生における私の行動、そして思考や言葉といったものは、すべてそこを貫く感覚から生まれている。それらのエッセンスを選りすぐってまとめたものが、本書に収録した86の言葉である。

何を手がかりにすればよいかわからない時代においては、前へ進むための羅針盤《らしんばん》のようなものが必要である。本書にあげた言葉のいくつかでも、そのヒントの一端になることがあれば、著者としては望外の喜びである。

二〇二三年九月

桜井章一《さくらいしょういち》

目次

まえがき　1

風の章
12

見えない道を歩け　14
水や風に学べば迷わない　16
力を入れると嘘っぽくなる　18
「つくる」のでなく、「生む」という感覚を持つ　20
目的を持たない　22
今度、はない　24
思いは軽く持つ　26
シンプルにするほど強くなる　28
柔らかさは、可能性である　30
もう足りている　32

考えるな、感じろ　34
「つかむ」ではなく、「触れる」　36
「自分」を二番目に大切なものにする　38
「心温かき」は万能なり　40
マイナー感覚を芯に持て　42
無意識に委ねよ　44
意識を消すと「自然体」になる　46
心を真ん中に置け　48
定まっているものはこの世に一つとしてない　50
知恵は定まらないものをつかむ　52
期待は病である　54

火の章

56
基本の一歩すら極めることは難しい　58
「諦める力」が道を拓く　60
「だいたい」の感覚が対象を明確にとらえる　62
不安を飼い馴らせ　64
「失う練習」をしておく　66
決めつけない　68
忘れ上手になる　70
言葉以外のメッセージを疎かにしない　72
相手の本心は知らなくてもいい　74
背骨で語れ　76
人には明るさと暗さの両方が必要である　78

不調こそ我が実力なり 80
我れ悪党なり 82
プロフェッショナルになるな 84
部分観でなく、全体観を持て 86
集中力は広げるようにして持つ 88
壁は乗り越えようとしなくていい 90
「　」を外して生きる 92
何かあれば、基本に戻る 94
フェイク人間になるな 96
二兎のみならず、百兎を追え 98
「答え」より「問い」を見つけよ 100

水の章 102

線の上に人生を置かない 104
人は迷惑な生き物である 106
仕事のなかで休みを取る 108
社交辞令をいわれて喜ぶ豚になるな 110
節操はときになくてもいい 112
石橋を叩く人は渡らない 114
戻りながら前へ進め 116
向い風を使えば大きく前へ進む 118
運が人を選ぶ 120
運は偶然でない 122
流れを読んで、変化をつくれ 124

誰の背中にもチャンスはくっついている 126
一生における運の量は決まっていない 128
心が澄めば、運が入ってくる 130
逆境を円に収めて、グルッと回す 132
「相互感」「全体感」「時の感覚」をつなげて、運を招く 134
旬を見極めることがチャンスになる 136
不利なときは変わり目を待て 138
「絶体絶命」はない 140
言葉にはコントロールがいる 142
修正力を身につければ、正しい選択になる 144
目標は横に置くといい 146
360度自在に回る軸を持て 148

土の章

150

賢くならない 152
裏のない人間はいない 154
誇りはホコリである 156
敗北の99％は自滅である 158
「負けない」がいちばん強い 160
「勝負所」は圧倒的に不利なときに訪れる 162
ホンモノの強さは目に見えない 164
悪手で勝つ誘惑を絶て 166
本番も常の内に収めよ 168
計算しないほうが勝つ 170

いい負けをつくる　172
勝ちを譲れる人は強い　174
「守り」は攻めである　176
きびしさはお守りである　178
型に囚われるとモロい　180
間合いがよければ、うまくいく　182
知識が多いと不自由になる　184
自立した人はいない　186
空っぽになる　188
「終わり」は「始まり」である　190

風の章

見えない道を歩け

自らのこれまでの歩みを振り返ると、私は人が歩いていない道を好んで歩いてきたと思う。みなが通る大きなわかりやすい道は端《はな》から興味がなかった。

多数の人が歩く大きな道は、たしかに安全で安心だろう。でも、私からすれば、安全や安心ばかりを求めて前へ進むことは、このうえなく退屈に感じたのである。

アフリカに生まれた人類が世界中に拡散していった旅を「グレートジャーニー」というが、未開拓の地を切り拓いて前進していった彼らの旅は、まさに見えない道を歩く旅だったに違いない。

人類をグレートジャーニーの旅へ導いた遺伝子は、我々子孫にも受け継がれているはずである。しかし、長い時間をかけて文明を築くなかで次第に埋もれていき、今ではあまり表に顔を出さなくなってしまったかのようだ。

だが、人類が前に進んでいくには、見えない道を歩く遺伝子をフルに働かせて、新しい道を切り拓く人間が必ずいなくてはならない。もちろん、未踏の地を往くには危険がつきものだ。だが、感性と能力を最大限に使って道を切り拓き、新しい何かを発見したり、つくったりすることには、このうえない喜びと満足感がある。

人生に迷いや退屈を感じたりするのは、常識や固定観念で塗り固められた大きな道ばかり歩いているからかもしれない。時にはそこから逸れて見えない道を探ってみてはどうだろうか。大きな道を歩いている限り、人と同じことしかできないが、自分だけの道を見つければ生きる手応えをきっと感じるはずだ。

水や風に学べば迷わない

生きていれば必ずピンチがある。簡単に抜け出せるものならいいが、そうはいかないときもある。

どこをどう見渡しても出口が見つからない。解決への手がかりさえつかめない。もがけばもがくほど、ますます迷路に迷い込んでいく。やたら焦ったり、なんとかしようと力んだりすれば、ますます苦境に陥《おちい》りかねない。

そんなとき、私は自然の営みを思い出すようにしている。心地よい川のせせらぎ。木立を気持ちよく吹き抜けていく風。繰り返し打ち寄せる波。流れゆく雲……そうしたものに思いを致し、常に変化してやまない自然の動きを心の眼で静かに見つめる。

そのうち、苦しさから干からびかけた心が、次第に柔らかさと生気を取り戻していく。固まりかけたものがゆっくりと動き出し始める。自身が自然と同化し、自然そのもののような流体に変身していくのである。

自然の水や風は、一箇所にとどまらない。絶えず自在に動き、行く手に遮《さえぎ》るものがあっても姿を変えて流れていく。自分が水や風のようになって流れに身をまかせれば、ピンチを前にしても心を固まらせることなく、流体となってそこから柔らかく抜け出ることが可能になる。

私は基本的に風任せな生き方をしている。水の流れるままに、風に吹かれるままに、そんな気持ちを常に抱いて生きている。その感覚が私に多大な恵みをもたらしてくれているのは確かである。

力を入れると嘘っぽくなる

力の入った頑張り方はどこか嘘っぽい。私は常々そう思っている。優れたアスリートの動きを見れば、端的にそのことがわかる。一流のアスリートは走るにしても、投げるにしても、蹴るにしても、肝心なところで力をスッと抜くような加減ができる。

力を抜けば、違うギアが体に入り、速度も威力も柔軟さも格段に増すのだ。単なる脱力とは違う、体が力を抜くコツを習得するには、それなりの訓練と時間を要する。

このことは実は体の使い方に限らず、すべてのことに通じる。

仕事でも勉強でも人間関係でも、力をいかにうまく抜くかによって、おのずと結果が違ってくる。恋愛でもガチガチに力が入っていればうまくいかないように、仕事も勉強も力が入りすぎていると、必ずどこかで壁にぶつかったり、ポキッと心が折れてしまったりするものだ。

私自身、麻雀で頑張って努力を重ねてきたという感覚が微塵《みじん》もない。あったのは工夫だけ。努力の代わりに工夫があったからこそ、無駄に力むこともなく、上達も早かった。命が懸かった麻雀の真剣勝負もどこか楽しむことができた。

スポーツでも仕事でもスムースにいくときは力みというものがなく、楽しいという感覚が勝っている。「力が入っているな」と感じたときは、その努力の仕方を疑ったほうがいい。

「つくる」のでなく、「生む」という感覚を持つ

麻雀は「いい手」をつくろうと頑張るほど、うまくいかなくなるものだ。私が勝負に際して常に大切にしているものは、「つくろう」とするのではなく「生む」感覚だ。「生む」感覚はなにも麻雀に限らない。

私にはそもそも「つくる」という感覚が何事においても薄い。「つくろう」と思うと、必ず「いいものにしよう」とか「評価されたい」といったことが意識され、力が入ってしまう。力んでいる限り、いい流れはやって来ない。

茶道に「無事の美」という言葉がある。余計な意匠も飾りもない素朴な器こそ美しい

という意味合いである。この言葉の基底にあるのは、まさに「生む」ことへのこだわりだ。計算された飾り立てや工夫は、ややもすると野暮《やぼ》に通じ、心を打つものにならないという思いが込められている。

器に手を入れすぎると土の自然な風味が損なわれてしまう。言葉にできない味わいや深みを出すには、計算を重ねて土から器をつくるのではなく、土から自然と生まれてくる感覚こそ大事にしなくてはいけないのだ。

人の社会はつくられたものばかりでできている。だが、つくられたものは壊れやすい。つくられたもので囲まれた環境は豊かなようで、その実、味気がなく、情緒を育まない。深々と人間らしい呼吸をするには、そこに「生む」という感覚をできるだけ入れていくことが必要なのである。

目的を持たない

我々が生きているこの社会は目的社会である。人々がそれぞれ無数の目的を携え、その目的に向かってせっせと動き回ることで出来上がっているからだ。

人が何らかの目的を持って生きるのは当たり前だと思われるかもしれない。しかし、太古の昔、狩猟採集で生きていた人たちが持っていた目的はせいぜい、獲物や木の実など日々の食料を確保したり、獣から襲われない工夫をしたりすることぐらいだったはずだ。だが文明が発達して科学が生まれ、社会が複雑化していくにつれ、人間が持つ目的の数は幾何級数的に増えていく。

目的を持つことは前へ進む力になるが、目的の数が多すぎるとマイナスの面が出てくる。それ自体がストレスになったり、本来の生きる意味がわからなくなったりするのだ。

客観的に見れば、現代人は数多の目的に振り回されて生きているかのようである。常に何かの目的を意識して生きているということは、心が「今」より先にあるから、「今」を十分に生きていないということだ。

心は「今」を生きてこそ、初めて充ちるものである。だから「今」を置き去りにしたような生き方は、不安と焦りを搔《か》き立てる。

そこから解放され、自分の本来の人生を取り戻すには、目的に縛られない生き方を探ることである。そのためには、「目的を持たない」時間にこそ価値があるという感性が求められるのである。

今度、はない

「この瞬間を大切に生きることが大事だと思うようになった」

生死に関わるような大きな困難を乗り越えたある著名人が、このようなことを雑誌のインタビューで喋《しゃべ》っていた。「今を生きろ」というメッセージはまったくその通りなのだが、常に今を慈《いつく》しむかのように生きることは実際には難しい。

現実には、過去を振り返ってあれこれ悔《く》やんでみたり、将来のことを案じたり、なかなか今という瞬間に没頭できないものである。

私はシュノーケリングで海に潜《もぐ》るのが好きで、以前はパラオによく出かけた。パラオの海の美しさを仲の良い知人に一度話したとき、「今度行くとき、私も連れて行ってほしいです」と言われたことがあった。

そのとき、私は「いや、〝今度〟というのはないんだよ」と返したのだが、その人は、何か腹にストンと落ちるものがあったという。よく聞くと、「『今を生きろ』と言われてもピンと来ないけど、『今度はない』と言われると、逆に『今』なんだということが切実に響いてきます」というのだ。

実際、今度というのは当てにならない話である。パラオにはその後、長らく行ってはいない。二度と行かない可能性も高い。未来に確実なことは何一つないのだ。

「今度、はない」

そんなことを日々の生活のなかでときおり意識することで、与えられた生の時間の質は変わってくるのではないだろうか。

思いは軽く持つ

およそモノというのは、重くなるほど安定を増す。そんな物理の法則に反して、軽くなるほど安定するものがある。

何だと思われるだろうか？　「心」である。

心は思いを深めるほど、重たくなる。一つのことをずっと考え続けたり、何度も無意識に反芻《はんすう》したりすると、強い思い込みになる。そうやって思い込んだものは固定観念となって、心の底に沈んでいく。

底に固定観念という思い込みが堆積していくと、心はその重みで安定を増すかのように感じるが、それは錯覚にすぎない。周りが「それはただの思い込みだよ、固定観念にすぎないよ」と諭《さと》しても、なかなか聞く耳を持たない。だから、まるで錘《おも》りがついたかのように沈んでいる「思い込み」を引き上げようとしても、すんなりとはいかないものなのである。

誰しも心の底には何らかの不安を抱えている。心はいつも揺れているのだ。そんな不安を覆い隠し、固定させてくれるのが、思い込みであり、固定観念である。

私は思いを持つときは、なるべく軽く持つようにしている。思いを軽く持つというのは、たとえば「ふと思う」という感じである。瞬間フワッと湧いてきて、またいつの間にか消えていくような綿菓子のような軽さ。そんな軽みのある思いを連ねていくように生きていければ、理想である。

シンプルにするほど強くなる

今日社会で起こっているさまざまな問題は、すべて物事が複雑になりすぎたことから生じている。深刻化する環境問題、不安定な経済、迷走する政治、ネットを介して多発する人間関係のトラブル……これらはみな、社会がひたすら複雑化していった結果、紐《ひも》が何重にもこんがらがって解《と》きようがなくなった様《さま》を思い起こさせる。

人は思考を複雑にすることで科学文明を発達させてきた。ゆえに、複雑にすることは高度な知性と文明の証《あか》しであり、高尚なものという感覚を現代人は持っている。しかし、それはある面で錯覚にすぎない。

社会が複雑になり、仕事が複雑になり、生き方が複雑になれば、人が抱える問題はますます大きくなるばかりである。高度な知性と文明がさまざまな問題の複雑化を招いているのであれば、途轍《とてつ》もなく皮肉な話だ。問題解決をはかるどころか、解決からどんどん離れていく状況を見ると、高度な知性や文明はいったい如何《いか》ほどのものかという疑問がそこに生まれる。

複雑なものをシンプルにする。シンプルなものを余計な手を入れて複雑化させせない。それができるのが本当に優れた知性である。

問題を複雑化させせないためには、何事も自分の手でほどけるくらいのシンプルな「結び目」感覚を持っていなくてはならない。シンプルな状態は無駄がなく、それゆえ美しく、強いのである。

柔らかさは、可能性である

街を歩いていると、ぶつかりそうな勢いでやって来る人がやたら増えたように感じる。歩きスマホをしているせいだけではない。動きそのものが硬いのだ。硬いからロボットのような直線的な動きになって、人混みのなかで咄嗟《とっさ》の柔軟な対応ができないのである。

地球上の生き物で不自然なほど硬いのは、人間だけだろう。最近の人の体がどんどん硬くなっているのは、それだけ自然から離れている証拠ともいえる。

街中で平気でぶつかってくるような人でも、生まれたときはこのうえなくふわふわして柔らかかったはずだ。硬い体で生まれてくる赤ん坊などどこにもいない。

人は柔らかい状態で生まれてくるのだが、その柔らかさは徐々に失われていく。年を取るとともに硬くなって、老年期になればこちこちな体になってしまう。そして、最後はすっかり硬くなって死んでいくわけだ。

赤ん坊は生まれてから数年の間に目を見張るような変化を見せる。ハイハイしていたのが、そのうち立ち上がってヨチヨチ歩きを始め、話せなかった言葉を話せるようになっていく。つまり、柔らかさというのは、それだけ変化できる可能性をたくさん孕《はら》んでいるということである。

人は体だけでなく、頭も固定観念をたくさん増やして硬くなっていく。生きることは変化することである。その変化する可能性が小さくならないためには、体も頭も常に柔らかくしておかないとダメなのだ。

もう足りている

人の悩みの多くは、「何かが足りない」という思いから来ている。お金が足りない。仕事が足りない。健康が足りない。評価が足りない。愛が足りない……。

欲望というのは際限がないから、傍《はた》から見て「もう十分じゃないか」と思うような人でも、本人は「まだ足りない」という不満を感じている。

昨今はネット上で、これみよがしに「お金も美しさも名声もこんなに恵まれているんですよ」というアピールをたくさんの人がこぞってするので、なおさら、人と比べて足りないものを強く感じたりするのだろう。

だが、足すことを目標にした生き方は、はっきりいって不幸である。足すことにはゴールがないゆえ、常に心が満たされることがないからである。

さらに問題なのは、すでに自分の手のなかにあるものに心を向けることもなくなってしまうことである。

たとえば、6足りていて4足りないとしよう。そのとき6の部分の有難さは十分に自覚されないから生かされていない。6の部分は、まったくもって「もったいない状態」にあるのだ。だが、6の価値に気づき、それをフルに生かすことができれば、今の状態でもすでに十分間に合っていることがわかってくるだろう。

人と比べない。そして今すでにあるものにしっかり目を向け、その価値に気づく。そうすれば、実は「もう足りている」状態にあることが感じられると思う。そして本当に必要なもの、大切なものが何なのか、改めてはっきりしてくるはずである。

考えるな、感じろ

ビギナーズラックという現象はなぜ起こるのか、ご存じだろうか。競馬やポーカーなどの賭け事を初めてやった人が当たったりするのは、余計な情報や知識がない分、的を射る直観が純粋に働くからである。

人の頭は、情報や知識が多いと選択肢が増え、迷いが生じやすくなる。つまり、考えれば考えるほど、的が見えにくくなってしまう面があるのだ。

しかし、何の情報も知識もなければ直観で当てていくしかない。実は直観はかなり高い確率で物事を当てることができるものである。もちろん個人差があるが、普段から感性を磨いている人であれば、7割以上の精度は十分持ちうる。

麻雀は将棋や囲碁と違って、思考よりも、勘や閃《ひらめ》きといった感覚を使う比重が非常に大きい。考える癖の強い人は、麻雀を打つ際にそのことが邪魔になる。私が麻雀の勝負で負けることがなかったのは、感覚を何よりも大事にして打っていたからだと思う。

現代社会は、知識や情報にとても大きな価値が置かれている。それゆえ、直観などの感覚的なものは見過ごされがちだ。だが、ふだんさまざまな物事を判断するときは、意外と感覚的な判断が重要な役割を果たしているものだ。そのことにもっと意識的になったほうがいいだろう。

思考が混じると感覚は濁《にご》る。ゆえに物事の核心をつかむには、思考のロックを外して感じる力を磨くことが不可欠になるのである。

「つかむ」ではなく、「触れる」

私が常日頃、大切にしている感覚がある。それは「触れる」という感覚だ。麻雀においても、この「触れる」感覚は絶対に欠かせない。軽くそっと触れるようにして牌《パイ》を持ち、勝負の流れがつくっている見えない渦《うず》に向かって牌を柔らかく、素早く切る。

麻雀の勝負は、つかみどころがない。意識が追いつかないほど変化に富んでいる。一瞬、一瞬で形勢が目まぐるしく変化し、具体的にこういう形をつくって勝ちにいこう、などという発想は通用しない。刹那《せつな》閃《ひらめ》くものにさっと触れることで新しい形が生まれたら、次の瞬間には消え去り、別の形らしきものが現れるということの繰り返しだ。

それゆえ、麻雀における勝負の流れは「つかむ」ことはできない。勝ちをがっちりつかもうとすると途端に形を変えてスルリと逃げてしまったりする。だからこそ、「触れる」という感覚が大事なのだ。


仕事でも人間関係でも、私は「触れる」感覚を持つようにしている。

「手に入れよう」とか「こうしてやろう」と思いながら、強くつかみにいくとたいていその通りにはならないものだ。

「夢をつかめ」という人がいるが、夢はつかもうとするほどつかめない。夢は触れる感覚で向かっていくといい。何事にも「触れる」という感覚でいることだ。そのほうがたいていうまくいくものである。

「自分」を二番目に大切なものにする

「この世で一番大切なものは何か?」

そう聞かれたら、「自分の命」と答える人は多いのではないだろうか。なかには「仕事」や「家族」と言う人もいるだろうし、打ち込んでいる趣味を答える人もいるだろう。いずれにしても、自分という存在を前提にした答えが多いはずだ。

私の場合、少なくとも一番目に自分の存在は来ない。そのことをはっきり自覚させられたのは、ある雑誌の取材を受けたときだ。

「二番目に大切なものは何ですか?」

雑誌記者はそんな質問をしてきたのだ。いい質問だなと思いながら、私は咄嗟《とっさ》に「俺だよ」と答えた。記者は同じ質問をこれまで幾度となく取材相手にしているようだった。

「そんなふうに答えた人は初めてです」

記者は意表を突かれたようだったが、これが私の素直な気持ちだった。自分の存在を二番目に置く人はあまりいないらしい。

しかし、私には、自分の命より大切なものはいくつもあると思えたのだ。それは雀鬼会の道場生、あるいは偶然出会った危機に瀕している人の命かもしれない。

一番目に自分が居座るのは居心地がよくない。二番目に自分を置けば、失敗や困難な目にあってもプレッシャーを感じずにすむ。そんな感覚が、そのまま私の生きざまにもなっていると思っている。

「心温かき」は万能なり

小説や映画では、昔から「愛」をテーマにした作品が多い。男女間の愛もあれば、家族間の愛や友人との間で交わされる愛もある。

愛というテーマがウケるのは、そこに純粋なものを感じるからだろう。計算だらけのけっしてきれいとはいえない世界にあって、愛だけはそこから取り残された聖なるものというイメージがあるのではないか。

だから男女の恋愛を描いた作品では、愛の上に純をつけて、ご丁寧に「純愛」と謳《うた》うものも少なくない。

だが、私からすればわざわざ愛に純をつけるのは、ただの愛は打算が入ったものだと自ら語っているように感じてしまう。それどころか、純愛自体も、不純な感じがする。なぜなら愛とは、所有欲をきれいな言葉に言い換えた観念だと思うからだ。嫉妬や怒り、憎しみといった感情が相手に起こるのも、愛が所有欲であることの証しではないか。これらの感情は、相手を自分の思い通りに所有できなくなったときに湧いてくるものだからだ。

だから私は、愛という言葉をわざわざ持ち出すことはないと思う。相手の心を適温で温めることができればそれでいいのだ。

「〝心温かき〟は万能なり」

私は常にそう思って人と接している。

マイナー感覚を芯に持て

世の中のものを「メジャー」「マイナー」の二つに分けるなら、私は徹底したマイナー志向である。なにより関わってきた麻雀がマイナーだし、生き方も、流行に流されたり、周りの空気に合わせるようなことは一切なかった。

メジャーとは、簡単にいえば権力のあるもの、影響力の強いもの、大きなものである。国家や企業、お金や常識、流行や人気といったものがそうだ。マイナーは反対に社会的には力のない小さなもの、つまりそのような存在感を持った人や物事や現象である。

代打ち稼業をやっていたころは、それこそメジャーな人間としょっちゅう接していた。

政治家や財界の大物など権力を持った連中、常識外れの金銭感覚の大金持ち、そんな人たちの代わりに麻雀を打ったことも幾度もある。

だが、それはメジャーな力に屈したり、媚《こ》びたりしてそうしたわけではない。私はただ、勝負の世界をどこまで究めることができるか、そのことに命を賭けて戦っていただけだ。

そんな世界でバランスを保つことができたのは、自分のなかにあるマイナー感覚を常に大事にしていたからだと思う。メジャー志向の欲が私に少しでもあれば、きびしい勝負に容赦なく呑み込まれて勝負師としての命を早々に終えていたと思う。

メジャー志向が強いと、人は自分をどこかで見失っていく。だからこそ、素の自分を等身大でとらえるマイナー感覚を、己の芯に持っておく必要があるのだ。

無意識に委ねよ

人は常に何かを意識しながら動いている生き物である。そのように私たちは思っているかもしれないが、実際は意識しなくてもできる習慣など、無意識に行動している時間が意外と多いものである。ただ、現代人は目的意識を持ってやらなくてはいけないことが多いので、意識的に動く時間は、たとえば１００年前の人たちのそれと比べれば圧倒的に長いはずである。

意識的に動くことは、理性を働かせるので悪いことではないとたいていの人は思うに違いない。それこそが人間がほかの生物とは違う優れた点であり、文明を進化させてきた原動力だからだと。

しかし、意識的であればあるほど心の自由度は狭まってくる。「生」の自由な流れは、本来無意識にあるからだ。

麻雀の勝負の最中は、私はほとんど無意識で牌を操《あやつ》っていた。まるで無意識に呼吸をするのと同じような感覚だ。ところがたまに「勝とう」という意識が入ったりすると、途端に打ち方が乱れ、勝負の流れが思わしくないほうへ変わっていくのである。意識的になるとリズムを狂わす力みが生じるからだ。

これと同様のことはスポーツにもいえるが、仕事もそうだ。仕事では目的や目標を強く意識すると、おかしな力が入って思考や行動が整わず、うまくいかなくなることが多い。目的や目標をはっきり定めたあとは、それを忘れたかのごとく無意識に委《ゆだ》ねるようにして動くべきなのである。

意識を消すと「自然体」になる

人間の意識は言葉でできている。人は言葉を使って考え、モノをつくり出す。つまり意識というものは、自然からはハミ出したものなのだ。

一方、無意識は、言葉とは違う人の本性に近いところにある。その点で無意識は、自然に近いものである。すなわち、「自然体」というものは、人がどれだけ意識を忘れるかにかかっているのである。

自然体が持つしなやかさや美しさは、意識を必要最小限まで削《そ》ぎ落《お》としたところに生まれる。意識は常に何かを「貪欲《どんよく》に求める」ものだが、贅肉《ぜいにく》のように余分な意識を落とすと、そんなガツガツしたものが消えてしまうのである。

自然体になろうとしてもなかなかなれないのは、そこに自然体になろうとする強い意識が働いているからである。自然体を意識している限り、自然体には近づけない。人が自分を無意識に委ねたとき、自然体に近づくのは、無意識が「最小限の求め方」をするものだからだ。

私は麻雀以外のことも、力みを持たないようにしている。ふだんの生活でも仕事においてもそうだ。うまくやってやろうとか、いい結果を狙《ねら》おうなどという欲は持たない。余計な意識を外したほうが、結果的にはうまくできたり、いい結果を導いたりできるものなのだ。

無意識の「無」のなかにこそ自然があり、人間の本来の姿がある。そのことを忘れないでいただきたい。

心を真ん中に置け

「何かあっても〝揺れない心〟でいるにはどうすればいいですか？」

そんなことを取材で聞かれたことがある。だが、その質問者はおそらく、〝揺れない心〟について勘違いしている。なぜなら、生の感情を持って生きている限り、人の心は常に揺れているものだからだ。

感情を押し殺しても、心は見えないところで揺れている。どんなに冷静に見える人でも心は揺れている。だから心を揺らさないようにもっていくことは、不自然であり、そもそも無理のあることなのだ。

問題は、心を揺らさないようにすることではなく、ちょっと揺れすぎたなと思う心をどうやって元のふだんの状態に戻すかである。それが本来の意味での〝揺れない心〟である。

私が思う〝揺れない心〟とは、感情のバランスが崩れても、それをいい方向へコントロールできる心のことだ。心の傾きを修正し、バランスのとれた状態へとすぐに戻せる心が、〝揺れない心〟である。

揺れた状態を素早く元に戻すには、心の重心を真ん中に置いておくことである。左右のバランスのとれたシーソーの支点と同じで、心の支点が真ん中にないと、感情のバランスは崩れたままになってしまう。

支点を心の真ん中にピタリと置く。それが、ちょっとした揺れをすぐに元に戻すコツなのである。

定まっているものはこの世に一つとしてない

先行き不透明な時代――。テレビの報道番組で出てくる識者などは、このようなフレーズをよく口にする。

たしかにここ十年くらいの間は思いもよらぬような大きなことが立て続けに起こっている。世界を翻弄する疫病が流行《はや》ったり、世界各地で異常気象が発生したり、大国を巻き込む予想外の戦争が勃発《ぼっぱつ》したり、これから世の中はいったいどうなっていくのだろう、ということが次から次へと起こっている。

人類の歴史を振り返ると、波乱の時代と比較的落ち着いた時代が、交互に、ある周期をもって繰り返されている。今は大きな波乱が頻発する時期に入っているのだろう。

人は不安を減らすために、少しでも安心できる状態を求める。その気持ちがより確かなもの、より安定したものを求めることへとつながるのだが、そもそもこの世は不確か極まりないものである。

そんな世界で生きていくには、確信できるものを少しでも増やすしかない。そのきっかけとなるのが人と人との信頼であったり、知識や教育だったりする。だが、人のつながりにしても、知識にしても常に変化し、更新されていく。定まったものを求め、そこに幻想を抱くから、それが裏切られたときに人はパニックになるのだ。

確かだと信じているものに実は根拠はない。定まらないものに心を不必要に揺らさぬためには、そう思い定めることが必要である。

知恵は定まらないものをつかむ

私は無知な男である。だからといって自分の知識のなさを隠そうなどとはつゆほども思わない。心理学や経済の専門家などと雑誌で対談して、相手の喋っていることがよく理解できず、「先生の話していること、よくわかんないよ」と言ったりすることもあるくらいだ。

人が知識を求める理由の一つは、それが生きることに確信を与えてくれそうに感じるからである。その証拠に、たくさんの知識で武装した人は、たいてい揺るぎない自信を持って自分の意見を述べ、違う見解を持った人が目の前に現れると途端に攻撃モードになったりする。

私が知識にこだわりを持たないのは、そういう根拠の希薄な、いじましい確信を抱きたくないからでもある。

それよりも、生の実感から生まれる知恵さえあれば、知識は最低限でいいと思っている。知識は定まったものを追求するが、感覚や経験を通して身につけた知恵は、反対に定まらぬものをとらえるのだ。

この世界は絶え間なく変改してやまない。定まらず常に動いているものを感覚でとらえ、素早く的確に対応していく元となるのが知恵である。

知識だけでは、次々とやってくる変化の波に呑み込まれてしまう。だが、知恵はどんな大きな波であろうと、それを巧みに乗りこなすための恰好の道具になりうるのである。

期待は病である

人というのは、いつも何かに期待をしている生き物だ。それは勉強や仕事の成果であったり、人間関係がもたらす援助や恩恵《おんけい》だったりする。

だが、期待は往々にしてその通りにはならない。期待外れとなれば、当然失望する。それがきっかけとなって不安が生まれたり、行く手を阻《はば》む壁が現れたりする。

このように人の悩みや苦しみは、期待が出発点にあって生まれることが多い。すなわち、期待とは人に不幸をもたらす宿命的な病理なのである。

そうであれば、期待をあまりしなければいいということになる。たとえば、実現不能な高い目標を設定しないとか、人に無暗に希望を抱かなければいいのである。つまり、期待しながらもそうはならない可能性をどこかでちゃんと想定しておくことが大事なのだ。

人は絶えず動く生き物である。動くのはその先に期待するものがあったり、夢や目標があったりするからだ。期待や夢を抱かざるをえないのは人の性《さが》である。期待や夢は人が前に進むために必要なものだが、今の社会はそれを刺激するものが過剰にあるので、期待値が必要以上に高くなりがちだ。

期待という病理に深くはまらないためにはどうするか。何かに期待の感情を抱いたら、その後はとりあえず忘れたように行動するといい。先の結果を想像したりせず、目の前のことにただ集中するのである。

火の章

基本の一歩すら極めることは難しい

物事にはすべて基本がある。

基本というと、初心者が最初にマスターすべき易しい段階だとふつうは考えるだろう。だが、基本を本当に極めるのは実はかなり難しいことなのである。基本には物事のもっとも重要なエッセンスが詰まっており、エッセンスを正確につかむことは上級者であっても相当レベルの高い話なのだ。

牌《パイ》を切ることで展開する麻雀において、牌を切ることは基本動作になる。だが、この基本動作がちゃんとできている人にはこれまでお目にかかったことがない。

牌を切るなど誰でもできるではないか。牌の切り方に麻雀の強い、弱いは関係ないだろうと思われるかもしれない。

牌を切れているのは、そこに「一打を切る悟り」があるということだ。一つ切るごとに一つの悟りがある。そのくらい牌を切る動作は奥が深い。

牌を切る動作を見るだけで、その人の心の状態はすぐわかる。「揺れているな」とか「気持ちに迷いがないな」とか、瞬間、瞬間に、牌を切るという単純な動作にその人のすべてが表れるのだ。

この私にしても、「あ、切れていないな」というときがある。牌を切るという動作はそれほど難しく、奥が深い。基本の一歩ですら極めることは至難のことなのだ。「完璧な基本」というのは、果てのないゴールなのである。このことは麻雀に限らずすべてのことにいえるのである。

「諦める力」が道を拓く

目標や夢を簡単に諦《あきら》めるな。諦めずに頑張ればきっと報われる。そんなことを言う人は多い。

たしかに頑張っているものを、何かあればすぐ諦めてしまうようなことはよくないだろう。では、最善に最善を尽くしてそれでもなおハードルが高いときはどうするか？

壁にぶつかるのは、見通しがかなり甘かったからかもしれない。己の力を過信しすぎていたかもしれないし、やり方が間違っていたかもしれない。もしそうだとすれば、それ以上頑張るのは、無駄に自らを消耗させる可能性が高い。

自分にはどうしても向いていない。ぎりぎりのところまで進んでそう思えば、それ以上粘る必要はないだろう。

勝負事においては、「見切り」という大事なものがある。いい手だと思っても情勢が変わってくると、別の手を考えなくてはいけないときがある。そう判断したときは、なるべく早いタイミングで、それまで取っていた戦法を見切らなくてはならない。

見切りとは、言い換えれば諦めである。いい見切りとは、しかるべきタイミングでいい諦め方をすることである。

諦めるという行為には、実は、局面を変えることによって新たな可能性を切り拓く積極的な意味合いがあるのだ。諦めることは負けだ、自分の弱さだ。ゆめゆめそんな固定観念に囚われてはならない。

「だいたい」の感覚が対象を明確にとらえる

アバウトという言葉は、一般にネガティブな響きを持っている。しかし、私は「だいたい」というアバウトの感覚でいつも物事に相対するようにしている。そのほうが的を外さない行動を導くからだ。

「完全」とか「絶対」という揺るぎない感覚を好まれる人は多いだろうが、私からすれば「完全」「絶対」の姿勢は的を外すよからぬものとしてある。

たとえば、麻雀をするとき、相手の牌は見えない。だが、相手の打ち方や全体の流れを見ていると、なんとなく相手の手牌がわかってくるのである。これはもちろん、視覚的に見えるというのでなく、多分こういう状態だろうという感覚的なものだ。

この「わかる」という感覚を言葉にするのは難しい。ただ、はっきりいえるのは、「絶対」の感覚で向かっていくと「わかる」という感覚には至らず、「だいたい」の感覚をもってすると「あっ、わかる」と腑《ふ》に落ちる、ということである。

野球ではコーチが選手に「しっかりボールを見ろ」というアドバイスを送ったりするが、実際目を見開いて食らいつくようにボールに集中するとボールはとらえられない。ボールをとらえるには、投手の手から放たれるボールの軌道をふわっと見るようにしなくてはいけない。

これは、まさにアバウトの感覚こそが対象を明確にとらえるということを示す恰好の例であろう。「だいたい」という姿勢は、けっして軽んじてはならないのである。

不安を飼い馴らせ

今の時代は変化が激しく、先々が見通しにくい。それゆえ、希望よりも不安の大きな時代である。もっとも、平和で安定した時代に生きる人は、その分、不安が少ないかというと必ずしもそうとはいえないところがある。

たとえば、太古の時代、狩猟採集をして平和な雰囲気で暮らしていた人は、獲物などの食料を確保できるかという不安が常にあっただろうし、現代的な医療技術も何もない環境では病気にかかることは命取りになるから、少しでも発熱するようなことがあればけっこうな恐怖だったのではないだろうか。

つまり、どのような時代や環境にあろうと、常に不安とともにあるのが人間の生であり、逆に不安がまったくない人生はありえないといえる。

そう考えると、不安は何のためにあるのかということになる。仮に不安が何もない人を想定すれば、その人が病気や事故、トラブルに巻き込まれる確率は、不安があるときと比べて比較にならないほど高くなるはずだ。

つまり、不安は危険を避けるためのセンサーなのだ。もちろん不安は膨《ふく》らまないように工夫する必要はある。だが、大事なのは、不安があるのは当たり前とどんと構え、次から次へとやって来る不安をなくそうと躍起《やっき》になって頑張らないことである。

不安は逃げるといっそう広がるものなので、小さなうちに対処することだ。むしろ不安の懐《ふところ》に飛び込むような気持ちで、不安を飼い馴らす感覚をつかむようにするといいだろう。

「失う練習」をしておく

人は何かを「得る」ことに、生き甲斐や喜びを見出す。お金、名声、モノ、人間関係、健康……さまざまなものを手に入れようと努力を重ね、常に何かを得ることに邁進《まいしん》している。これはきっと、太古の時代において獲物を捕ったり、木の実を採集したりして命をつないできた本能的な遺伝子がなせる業《わざ》なのだと思う。

得ることには絶対的なプラスの価値があるので、反対に失うことはできる限りしたくないと考える。失うことは精神的な苦痛を伴い、時として健康を損なうほど大きなストレスにもなる。

しかし、得るものはいつか必ず失う。それが自然界の定めである。努力して獲得した能力や健康にしても老いてくれば徐々に衰え、失われていくのは自然なことだし、友人や家族にしても時間とともに関係が少しずつ失われていくものだ。

物質的なものにしても生きている間に失うことがなくても、最後は死ぬことで生命と一緒にすべてを失う。

とはいえ、人間は何も持たず裸一つで生まれてきたのだから、死によってそこに戻るだけの話である。

年を重ねるに従って、得るものより失うもののほうが増えていく。人は小さなときから得る努力ばかりしているが、それに執着すると「失う」ことが苦手になる。そうならないためにも、「得る練習」ばかりでなく、「失う練習」もしっかりしておいたほうがいいだろう。

決めつけない

人は物事を判断するとき、決めつけるような態度をとることが多い。その元となるのはたいてい、その人が持つ先入観や固定観念だったりする。

いちいち物事を改めて具体的に考えるのは面倒である。だから、考えるエネルギーを使うことなく、楽に判断できる材料として固定観念や常識が使われるのである。

しかし、物事は簡単に決めつけてはいけない。現実はしばしば先入観や固定観念といったものからはみ出すものである。

簡単に「こうだ」と決めつけられないときもたくさんある。常識的な判断では受け入れがたいことが自分の身に起こったときだ。そんなとき人は、最終的に運命としてそれを受け入れたりする。すなわち、「運命だから仕方ない」という決めつけ方をするのである。

だが私は、そんなときでも運命と決めつけなくてもいいと思う。なぜならこの世のことはすべて常に変化し続けるからである。ダメだと思っても時間が経てば状況が変わったりすることはいくらでもある。

決めつけるのは、ある意味簡単だ。

だが決めつけることで大事なものを見逃してしまったり、貴重な時間を失ってしまうこともある。「決める」のではなく、「決めてしまわない」という態度もときには必要だろう。

忘れ上手になる

「忘れる」のはよくないこととされている。しかし、人はそもそも覚えるより、忘れることのほうが圧倒的に多い。昨日の昼間は何を食べたか、一昨日は何をしたかといったことも、簡単に忘れてしまう。「人間は忘れる生き物である」と定義してもいいくらいだ。反対に、もしすべてを覚えていれば、脳はパンクしてしまうのではないだろうか。

だが、厄介なのは、忘れたい嫌な体験ほどなかなか忘れないことだ。トラウマという言葉が流行《はや》っているが、それは悪いことをいつまでも引きずってしまう人が多い証拠だろう。

自分が加害者になっていることは忘れても、被害者になると忘れない勝手さを人は持っている。だから、もしかしたら自分がいつの間にか加害者になっているのではという客観的な視線を持つことは大事である。

どんな人生も問題だらけであり、問題があるからこそ人生なのだ。日頃からそう思っていれば、実際問題が起こってもあたふたすることはない。ショックも多少は和らぐはずだ。

覚えるということは才能の一つだが、一方で、忘れることもまた才能の一つだと思う。そしてこの才能は、生きる姿勢や工夫によって磨くことが可能である。

「忘れ上手」になるには、常に切り替えを早くして、生起するさまざまな変化を自然なこととして受け止めることだ。忘れ上手は「生き方上手」なのである。

言葉以外のメッセージを疎かにしない

インターネット社会の進展により、人間関係のあり方もだいぶ変わってしまった。直接的な人のつき合いがどんどん希薄になり、ネットを介してコミュニケーションをする関係のほうが今や圧倒的に多いのではないだろうか。

ネットのバーチャルな世界では、互いの存在が不透明で見えにくいことにそれほど不自由さも違和感もないかもしれないが、その感覚はリアルな世界における人間関係にマイナスの影響を確実に及ぼしていると思う。

ある大学の教員が、ここ10年の間に学生の人と向き合う対面力は間違いなく低下している、とテレビで語っていた。それはスマホの画面ばかり見ていることや、ネットを介したコミュニケーションが増えたことによる影響に違いないだろう。

人は言葉によって何かを伝え、互いを理解し合う。だが、言葉のようにはっきり認知できるものだけで相手を理解しているわけではない。目や口の表情、身振り、言葉を吐き出すときのリズムや間合いなど、言葉や数値にできない非認知のメッセージを受け取ってこそ相手のことをより深く理解できるのである。

言葉でなく、体を使って発せられる認知できない情報は、情緒や心を育む非常に大事なものなのだ。ところがネットでのコミュニケーションは、それがまったく欠けてしまう。

非認知のメッセージこそ、豊かな人間関係を築くためには欠かせないということを、今の人はもっと深く認識すべきだろう。

相手の本心は知らなくてもいい

ネット社会が広がったことで、現実と虚構の世界の境界がどんどんぼやけている。そんな虚と実が入り混じった世界に生きているせいか、今の人は遠近感がおかしくなってきている。

遠いところが近くにあるように感じたり、近いところが遠くにあるように感じたりするのだ。遠近感がおかしくなると、人間関係の程よい距離感もおかしくなる。精神的に近眼になっているので、相手にピタッと焦点が合わないのだ。

太古の人類は、遠くでもなく近くでもなく、その中間あたりに視線をフォーカスしていたのだと思う。中間を眺《なが》めていれば、近いところも遠いところも自然と正しい距離感でもって視界に入ってくる。

精神的に近眼になると、人の心がわからなくなる。ところが、そうなると、逆に相手の本心を知りたいという気持ちになるのが人間の心理である。

しかし、世の中には知らなくてもいいことがたくさんある。相手が言葉の裏で何を考えているか、その本心を探るのは、しなくてもいい行動の一つかもしれない。わざわざ探って分析する必要など本当はないのだ。人の心をすべて見通すことが仮にできれば、嫌なものも全部見えるので生きていくのがきっと辛くなるだろう。

人と対面したときは、善いものも悪いものもそのまま感じていればいいと思う。あるがままに相手を感じようとすることこそ、精神的な近眼を直す一つの手立てであるのは間違いない。

背骨で語れ

体において、その人の本当の姿が現れるのはどこかご存じだろうか。背中である。たとえば気骨という言葉があるが、この気骨などは背中に見事に現れるものである。

一昔前までは、気骨がある人物というのはたまにいたものだが、今ではほぼ絶滅状態といっていいくらい、見かけなくなった。

骨っぽさがある人は、真っ直ぐな生命力を感じさせる。ことに男性は、骨があることが大事だ。

女性も背中に大事なものが現れるが、女性らしい人は骨っぽさより、ゆったりとしたものが体全体を循環しているような流れを感じさせる。

昨今は女性差別の観点から、男女差を批判的なものいいで言い立てる風潮があるが、すこし行きすぎていると感じる。生物学的な性差は確然とあるからだ。

男性が無言のうちに背中で語れるのは、オスとしての本能に近い。腹を表とすれば、背中は裏。表より裏のほうが雄弁なのだ。表はああいうことを言っているけれど、背中を見ると本当は違うんだな、ということがわかったりする。

仕事で私に会いにきた人が、にこやかに「失礼します」と言って帰っていく後ろ姿が意外とそっけなかったりすると、心にもないお上手ばかり言っていたとわかったりする。

表の腹は見えるからごまかせるが、背中は見えないのでごまかしがきかないのである。

人には明るさと暗さの両方が必要である

世の中があまり明るくない反動なのか、テレビをつけるとお笑い芸人やタレントたちが騒ぎはしゃいでいる光景をよく目にする。それを見るたび、明るく振る舞うことが何よりもよしとされる風潮が世間にはあるんだなと感じる。

もちろん明るいことはいいことだ。子どもは親や教師から「明るく、元気よく」と声をかけられる。明るくて元気がいいのはこのうえなくいいことなのだ。

だが、いつも明るくないといけないとすれば、ちょっと変である。一日のうちに昼と夜があるように、どんな人にも必ず明るい部分と暗い部分はある。

根暗はよくないと感じて、人前では絶えず明るく振る舞わなくてはいけないと思い込んでいる人は多い。でも、そうやって無理にいつも明るくしていると、心にはひずみが生まれる。

あまり明るい気分でないときには無理に明るくする必要はない。相手に不快な思いをさせない程度に自然に振る舞えばいいのだ。

植物の根は光が当たらない。根が暗いのは当たり前だ。それと同じで、人も根っこに抱えているものは暗いはずだ。しかし、根が暗いからこそ、明るさの意味を知ることができ、また明るく振る舞うことの大切さがわかるのだ。

その明と暗の程よい加減を、太陽と月が入れ替わるように自然にできさえすればいいのである。

不調こそ我が実力なり

人は自分のことを評価するとき、自分に都合のいいモノサシを使う。ちょっとまずいことがあれば、この程度のことですんでよかった、むしろ大事に至らなくてラッキーだと考えたり、本番で結果が出なかったときには、調子が悪くてふだんの実力が発揮できなかっただけだと思ったりする。

いつもこのように考えていれば、余計なことを心配したり、へんに落ち込むこともないかもしれない。

だが、常にそうであると成長や進歩はないだろう。なぜなら、失敗や不調というのは、たいがいその人の不手際や実力不足からそうなっているものなので、まずそのことを認めないことには本当の改善はないからだ。

私は「不調こそ我が実力なり」と思っている。

調子がいいときに「これが俺の実力だ」と思えば、調子の悪いときには「これは俺の本当の姿ではない」と現実を認めたくなくなるだろう。

しかし不調というのも紛れもなく、その人の実力の現れである。すると実力をはかる物差しをどこに置けばいいかという話になる。私が麻雀の真剣勝負の世界にいたとき、一番調子の悪いときを基準としたのは、そのほうが伸び代が大きくなると考えたからだ。また驕《おご》ることで自滅するような愚かさも避けることができる。

好調を基準にしてはいけない。不調を基準にするからこそ、本当の意味での可能性が広がるのである。

我れ悪党なり

人の心は複雑だ。善人の顔をしている人のなかにも必ず悪の部分はあるし、卑劣な犯罪をする悪人のなかにも善の部分はある。つまり、誰しもが善と悪の両方の要素を併せ持っているのであり、違うのはその混ざり具合なのだ。

大事なのは、自分の内にある悪を自覚することである。悪の自覚が希薄なのに善行をアピールすれば偽善者と批判されることになる。

善よりも悪のほうが人間の本質を教えてくれる。自分のなかにある悪の部分を知っていれば、それを恥ずかしいと感じたり、自分の弱さの表れなんだと思ったりできるだろう。内なる悪を自覚すれば、それを律することで善の部分が出やすくなる。悪は人の本性に近いものだから、なくなることはないが、心がけ次第で持っている分量を減らすことはできる。

学校の授業で道徳を教えるより、「卑怯《ひきょう》」という悪を疑似体験させる形で教えたほうが、よほど効果的だと思う。

善と悪に限らず、心のさまざまな要素を程よい按配《あんばい》に混ぜることで生き方は変わってくる。たとえば過去のトラウマに囚われている人は、過去が8で現在と未来が残りの2くらいしかなかったりする。バランスよくしようと思えば、過去と未来を1ずつにして現在を8にすることだ。

心はいつも「よい加減」になるよう、工夫しながらそれを保つことが肝心なのだ。

プロフェッショナルになるな

私は麻雀の代打ちをしていた20年間、一度も負けたことがなかった。

麻雀界では著名なプロと対戦したことも幾度もある。しかし、私は自分のことをプロだと思ったことは一度もないし、むしろプロになんか絶対なりたくなかった。ずっとアマチュアのままでいいと思ってやってきた。

それは、プロというものは特定の業界でしか通用しない存在であり、そんな小さな土俵の上に立つ専門家にはなりたくないと考えていたからだ。

専門家というのは、自分が生息している世界では生き生きしていても、ほかの分野に行くと途端に水を絶たれた魚のようになってしまう。

だが、専門家のなかにはその道を極めることで、ほかの道にも通じる感性を育んだり、そうした考え方ができる人がたまにいる。そういう人は、専門領域を超えて自らの能力を発揮できるアマチュア精神を持っているのだ。

自分の専門にしがみついてプロフェッショナルと自認しているような人は、プロとしては二流だと私には感じられるのである。

プロというのは自分の専門領域に関するマニアであり、オタクである。プロという意識にとどまっている限り、視野は狭くなり、柔軟性にも欠けがちだ。

真のアマチュアリズムはプロを凌駕《りょうが》する——。

そんな意識で仕事に向き合ってもらいたい。

部分観でなく、全体観を持て

自分の立場にこだわったり、視野が狭かったりするがゆえに、物事がうまくいかなくなることは多々ある。

そうならないために必要なのが全体観である。人はどうしても自分の立場で何かを見て、考える。しかし、そのような見方は、どうしても部分に囚われた、偏ったものになってしまう。

部分に囚われないためには、自分から離れて、全体を俯瞰《ふかん》するような視点を持たなくてはならない。

私は麻雀で勝負をするとき、一つのことだけに目を向けるのではなく、場全体をボワッと眺《なが》めるような感覚で牌を切っている。全体観があれば、勝負の流れや細かい綾《あや》といったものが鮮明に見えてくるのである。

真剣勝負のときの勝負師の眼光は鋭いものだと思われるかもしれない。だが、眼を強く見開いている限り、全体は視野に入ってこない。滅多にいなかったが、私が「こいつはできるな」と感じた腕の持ち主は、いずれも眠っているのではないかと錯覚しそうな、半ば閉じた眼差しで牌を操《あやつ》っていた。

ただ、木を見て森を見ずというが、森ばかり見ても一本一本の木を見落としてしまう。つまり、部分観だけでもダメだし、全体観だけでもダメなのだ。常に両方を持って、物事を眺めることが大事なのだ。

集中力は広げるようにして持つ

「どうも最近、集中力が落ちてしまって……」

そんな声を周囲でよく聞く。理由を聞くと、スマホをしょっちゅう見ることで気が散って、仕事や家事に身が入らないらしい。

メールやＬＩＮＥの連絡が入るたびに画面を開いたり、気になることがあればすぐにネットを検索したり、そんなことを頻繁にしていれば、集中力がなくなるのは当然だろう。本来便利な道具であるはずのスマホが、仕事や家事の生産性を落としているとすれば、まったく本末転倒なことだ。

集中力が落ちていることを気にするなら、時間を区切ってでもスマホを遠ざければいい。実際はそうしていないところを見ると、すでにスマホ中毒なのだろう。

集中力というと、ほとんどの人は一点にフォーカスを絞るような感覚をイメージすると思う。

しかし、本当に深い集中というのは、逆に点から広がっていく感覚でできている。静かに澄んでいる水面に小石を投じると、水紋が生じて広がっていく、あの現象のような感覚である。

一点に焦点を当てた集中は囚われの意識を生むが、波紋のように広がる集中はあくまで自由である。いちいち意識を切り替えなくても、変化していく事柄に自在に入っていける。野球やサッカーなどで、時に神がかったプレーを見せる選手がいるが、あれなどはまさに広げる集中力のなせる業なのである。

壁は乗り越えようとしなくていい

生きていれば、必ず何らかの「壁」に出くわす。とても越えられそうにない大きな壁もあれば、ちょっと踏ん張れば越えることができそうな小さな壁まで、さまざまである。

私は、困難な壁が目の前に現れても、むしろ、「面白い、やってやろうじゃないか」と奮い立つ性分だ。自分の力がどれほどのものか、試してやろうと思うのである。

実際、壁を前に怯《ひる》むよりは、自分の新しい可能性を拓くチャンスだというくらいの気概で向かっていくほうが、困難な状況を打ち破れるだろう。

そそり立つ壁に圧倒されると、「乗り越えることなど、とてもじゃないができない」

という気持ちになるかもしれない。だが、要は壁の向こうに抜け出ることが肝心であって、別に壁を必死でよじ登ろうと思う必要はない。壁の弱い箇所を見つけ出してそこに穴を開けてもいいだろうし、壁を大きく迂回《うかい》して向こう側に出るような感覚を持ってもいい。

そもそも、たいがいの壁は自分の不始末でつくっているものだ。自らつくっておいて勝手に嘆いているわけだ。自分でつくったものなら、その壊し方も本当はどこかでわかっているはずなのである。

そう考えれば、そびえ立つような巨大な壁でさえも、自分の力でもってなくすことは十分に可能なのである。

「　　」を外して生きる

肩書をひけらかしたり、地位にこだわったりしている人を見ると、その人の存在にまるで「　　」がくっついているかのように私には感じられる。

「　　」は、いってみれば自己顕示の飾りである。「　　」をつけた存在というのは、素の自分を引っ込め、着飾って格好をつけた自分をアピールしている状態である。

政治家や企業の社長など、世間的に地位が高いと見られている人物ほど「　　」をくっつけている割合が高くなる。こちらが頼んでもいないのに、「私は偉いんです」「すごいことをやってます」と、饒舌《じょうぜつ》なほど周りに「　　」を振りかざしている。本人は格好がいいつもりだろうが、「　　」をつけることの馬鹿々々しさを知っている人からすれば、実に格好が悪い。

私が格好いいなと感じるのは、「　　」を外して素で堂々と生きている人だ。たとえば、腕一本で生きている職人、大自然を相手に格闘する漁師などにそんな人がいたりする。彼らは「　　」という余分なものを一切身にまとわず、素で勝負している潔さがある。

「　　」をつけて満足している人は、「　　」が外れることを恐れる。それが不安なあまり、「　　」をいくつもいくつもくっつけている人もいる。だが、人にはいつか「　　」なしで勝負をしなくてはいけないときが必ずくる。そのときになって「　　」の無力さ、虚しさに気づいても間に合わないのである。

何かあれば、基本に戻る

雀鬼会でつくったTシャツには「素直と勇気」という言葉がプリントされている。素直や勇気なんて、いい歳をした大人が口にするのは気恥ずかしい気もするが、この二つの言葉は、生きていくうえでとても大事なものである。

素直と勇気があれば人はいい生き方ができる。そのことは確信をもっていえる。

素直とは、単に真っ直ぐにものを見る姿勢を指すものではない。自分を偽ることなく素になることである。つまり、背伸びもせず飾りもしない自分の基本に戻ることなのだ。

これまでいかなる実績があってもそれをチャラにして、元に戻る。人の故郷である「自然」に戻る。そんな意味合いを含んでいる。

素の自分に戻れば、違和感があっても素早く察知して避けることができるし、卑怯な行いもしない。

そして、勇気があれば、困難に怯むことはなく、自分だけの道を切り拓いて歩むことができる。自分を安全な形で守るという気持ちは自己保身につながるが、勇気は攻めの気持ちをくれる。

勇気と素直――。

シンプルな言葉だが、その両方を実践するのは案外難しい。素直だけれど勇気に少し欠ける。勇気はあるが頑固で素直になれない。この二つが見事にそろっている人はなかなかいない。

それだけに、この二つが両輪となって導かれる人生には、まず間違いがないのである。

フェイク人間になるな

ネットの世界ではフェイクニュースがしょっちゅう流れる。その偽のニュースを見て、信じた人が噂を拡散し、大勢の人間と共有し合うことであたかも現実のできごとのようにとらえられてしまうという現象がいたるところで起こっている。

ネットという虚構の世界では、必然的にそのような事象が生まれてくるのだろうが、それが今ではリアルな世界にまで浸食して、現実と虚構の世界が混然となってしまっている。

フェイクなのはニュースや噂だけではない。人間もまたその存在がフェイクになってきている。つまり世界は偽装された人間だらけなのだ。

ただ、人間にニセモノ性があるのは今に始まった話ではない。自然から見れば、すでに昔から人間はニセモノの存在であり続けたのではないだろうか。

私にとって自然は師匠である。そこから学ばされるものは非常に多い。

たとえば海に潜れば、さまざまな種類の海洋生物が動き回っているが、本能が命ずる彼らの動きは一ミリも余計なものがない。空に輝く太陽や流れる雲の動きにも、偽装されたものは微塵《みじん》も含まれない。

自然界のものはすべてがホンモノである。それを見ているとこちらのニセモノ性がなおさら意識されてくる。

人はなかなかホンモノにはなれない。それでも少しでもホンモノに近づくためには、自分のなかのニセモノ性をまず自覚することから始めなくてはいけないだろう。

二兎のみならず、百兎を追え

「二兎を追う者は一兎をも得ず」ということわざがある。何かを成そうと思えば、脇目もふらず一つのことに集中せよというメッセージだが、果たしてそれが正しいのかといわれれば、私にはかなり疑問である。

二刀流を高いレベルで実現していることで、日本のみならず世界中の野球ファンから熱い視線を送られる大谷翔平選手は、一兎だけを追いかけることには端《はな》から興味がなかった人だといえる。

もちろん大谷選手は、並外れた能力の持ち主だからこそ二兎を追えたわけだが、大多数の人は彼のような高いレベルで仕事や勉強、スポーツをする必要はそもそもない。だから、意志と行動力さえあれば、二兎どころか、四兎、五兎くらい追うことは十分できるはずである。

一兎だけを追う行為は、最終的に大きな囚われを生む危険を孕《はら》んでいると思う。高い確率で一兎を仕留めるかもしれないが、その反面マイナスも少なくない。

子どものときから、友達と遊ぶ時間を惜しみ、運動も無駄なものとして斥《しりぞ》け、勉強ばかりしてきた人は、人間形成という肝心なことが疎《おろそ》かになってしまう。このように一兎だけに囚われるとほかの可能性を閉ざしてしまうことになりがちだ。

私は二兎どころか、百兎くらい追いかける感覚を持つといいと思っている。そのほうが、人が持っている能力や可能性、そして生きる幅が確実に広がるからである。

「答え」より「問い」を見つけよ

何かわからないことがあれば、すぐスマホで調べる。仕事はマニュアルに忠実に従う。体が不調になると元気になる方法を本で読み、それを実践する……。

現代人の生活は、いつも身近に「答え」があって、その「答え」をさっと引っ張り出してきては一安心するといったことを繰り返しているかのようである。

だが、答えがすぐに出てくるかのような生き方をしていると、答えが見つからないと落ち着かない気分になってしまう。

実際、現実の世界は「答え」が簡単に見つからないことばかりである。しかし、答えがすぐに出ないからこそ、生きる醍醐味《だいごみ》、おもしろさがあるのではないだろうか。

答えが見つからないどころか、初めから答えがないものだってたくさんある。我々が生きている宇宙のことだって、人間が知っていることはせいぜい数パーセント程度のことではないか。身近なことでいえば、どう生きるかということだって正解というものはない。あくまで自分なりの答えをその都度見つけていくしかないのだ。

私は答えをすぐに求めるよりも、「問い」をもっと見つけるといいと思う。答えが出てこないときは、その周りにあるものをどんどん問うことで、答えのようなものが見えてきたりする。

問い自体に答えが含まれているときもある。問いを発しても答えがないものもたくさんある。

しかし、そのわからなさもまた、深く味わえばいいのである。

水の章

線の上に人生を置かない

同じような悩みでも、それを長引かせる人と、立ち直りが早い人がいる。その違いはどこにあるのだろうか。

人間は複雑にできているので、一つのことを取り上げて、これがその理由なんです、などと簡単にはいえない。

ただ、悩みを長引かせる人も、切り替えが早い人も、なぜ自分にそうした傾向があるのか自覚はしていないだろう。

私から見ると、両者の違いはある感覚の相違に行き着くと思う。それは、半ば無意識に持っている「線の感覚」か「円の感覚」かの違いである。

多くの人は、たいがい人生を「線の感覚」でとらえている。過去から現在、果ては死へと続く直線で人生をとらえると、その度に遭遇する哀しみも喜びもつながりを持たない独立したものになってしまう。本来なら喜びも哀しみも循環しているものなのだが、人生を線の上に置くと、「この苦しさは永遠に続くのではないか」と重たく感じられてしまうのだ。

私は人生を「円の感覚」でとらえている。喜びの反対側に哀しみがあり、優しさの反対側に怒りがある。辛いことの反対側には楽しさがあり、虚しさの反対側には充実感がある。そんなふうに、あらゆる物事は円の上で向かい合い、ぐるぐると循環しているのだ。「明けない夜はない」というが、人生を円に収め、すべてがつながって循環している感覚を持てば、人生はもっと軽やかになると思う。

人は迷惑な生き物である

「人さまに迷惑はかけるんじゃないよ」

親は子どもによくそう言う。

「迷惑をかけなきゃ、別に何してもいいでしょ」

そんなことを言う若者がいる。

だが、人は生きていること自体がすでに誰かに迷惑をかけている。誰にも迷惑をかけずに生きていると自負しているような人でも、どこかで必ず誰かに迷惑をかけているはずだ。人と触れ合ったり、付き合ったりするというのは、絶え間なく、互いに迷惑のか

郵便はがき

おそれいりますが
63円切手を
お貼りください。

1028641

東京都千代田区平河町2-16-1
平河町森タワー13階

プレジデント社
書籍編集部 行

フリガナ		生年（西暦）　年	
氏　名		男・女	歳
住　所	〒 TEL　(　　)		
メールアドレス			
職業または学校名			

ご記入いただいた個人情報につきましては、アンケート集計、事務連絡や弊社サービスに関するお知らせに利用させていただきます。法令に基づく場合を除き、ご本人の同意を得ることなく他に利用または提供することはありません。個人情報の開示・訂正・削除等についてはお客様相談窓口までお問い合わせください。以上にご同意の上、ご送付ください。
<お客様相談窓口>経営企画本部 TEL03-3237-3731
株式会社プレジデント社　個人情報保護管理者　経営企画本部長

この度はご購読ありがとうございます。アンケートにご協力ください。

本のタイトル

●ご購入のきっかけは何ですか?(○をお付けください。複数回答可)

1 タイトル　2 著者　3 内容・テーマ　4 帯のコピー
5 デザイン　6 人の勧め　7 インターネット
8 新聞・雑誌の広告（紙・誌名　　　　　　　　　　)
9 新聞・雑誌の書評や記事（紙・誌名　　　　　　　)
10 その他(　　　　　　　　　　　　　　　　　　　)

●本書を購入した書店をお教えください。

書店名／　　　　　　　　　　（所在地　　　　　　)

●本書のご感想やご意見をお聞かせください。

●最近面白かった本、あるいは座右の一冊があればお教えください。

●今後お読みになりたいテーマや著者など、自由にお書きください。

どうもありがとうございました。

け合いをしているようなものなのである。

迷惑をかけた子どもを説教している親だって、誰かに迷惑をかけている。そのことを少なくとも自覚したうえで、子どもを諭《さと》さなくてはいけない。

生きていることが必然的に誰かに迷惑をかけるのは、それぞれの人が自分らしく生きる権利を主張し、それをよかれと実行するからだ。

ただ、迷惑は少々かけてもそれを膨《ふく》らませないことが肝心だ。大きく膨らませてしまったときは、「ごめんね」という言葉を用意しておかないといけない。

「迷惑をかけないように」と、あまり神経質になるのもよくない。神経質になると人のちょっとした行為がいちいち鼻について、生きづらくなる。

「生きることは迷惑をかけること」。そんな前提でいると、いろんな人とやっていくうえで生まれるストレスも少なくなるはずである。

仕事のなかで休みを取る

私は「仕事」と「休み」を分けたことがない。忙しい状態がずっと続いて、週末に「ああ、疲れた……」と言って体を休めるなんてこともしたことはない。つまり、わざわざ休もうというモードにならないのである。それはおそらく、仕事のなかで自然と休める要素をつくっているからだと思う。

メディアの取材を受けるときは、まるで家でくつろいでいるような風情である。もちろん不真面目に喋《しゃべ》っているわけではない。

インタビューというのは、取材する側からすると釣りの感覚に似ているところがあるかもしれない。狙《ねら》うポイントへ、こういう仕掛けと餌《えさ》でもって釣り糸を放り込めば、だいたいこんな種類の魚が釣れるだろう……という感覚である。

私は、投げ入れられる釣り針に対し、相手が思いもよらぬものを引っかけて戻したり、反対に、糸を巻き上げることができないほどの大きな獲物を針にくっつけたりするのである。相手の質問を四角四面にとらえて真面目に答えていてはおもしろい記事はできないが、そこからはみ出していく感覚で相対すると、記事に意外な奥行きと幅が生まれるのだ。

このように、「遊び」感覚を仕事に入れるのは大事だ。それによって、疲労感を消すような楽しさが生まれ、いい結果が導かれる。そんなスタンスで仕事をしていれば、わざわざ休みを取る必要性は薄まるのである。

社交辞令をいわれて喜ぶ豚になるな

「豚もおだてりゃ木に登る」という言い回しがある。心にもないお世辞をいわれて舞い上がるような豚にはなりたくないものだ。

世間では人間関係を円滑《えんかつ》にする術として、社交辞令が重宝される。私も会う人からよくいわれる。顔は真剣な表情だけれど、これは仕事をうまく進めるためのお世辞だなとか、声の感じですぐわかるものだ。そんな社交辞令は、「あ、そう」と受け流すだけである。

私自身が社交辞令をいうことは滅多にない。人はなるべく本音でつき合うべきだと考えているので、心にもないことは喋りたくないのだ。

数年前、仕事で世話になった人の退職記念パーティーに招待されたことがあった。

そこでスピーチを求められた私は、その人の優れた仕事ぶりはきちんと褒《ほ》めておいたが、一方で、その人にかつて招待された食事処がぜんぜん美味しくなかったし、今この会場で出される豪華な食事もまったく心に響かないと話し、その場は唖然とした雰囲気になった。

ほかのゲストがみなこぞってホストの食通ぶりやご馳走になった店を褒めるので、「それならこっちは本当に感じたことを言おう」と思っただけである。パーティーが退屈で、さっさと喋って早く帰りたいなという気持ちもあった。

いずれにせよ、社交辞令という言葉が辞書にない男がスピーチをすると、こうなるという恰好の見本になったことだろう。

節操はときになくてもいい

「あの人は節操ないよ」

そう言って人のことを批判するとき、同時に「あそこまで自由にできるなんていいな」という裏の声が私には聞こえてくる気がする。もちろん、それを口にする人はとんでもないと言うだろうが、コインの表裏ともいうべき人間心理は必ず存在するのである。

「節操がある」とは、一つの価値観を貫く姿勢のことだが、それは価値観の型を自分でつくり、そのなかにずっといることでもある。しかし、人は型のなかに入れられたとき、その反動として型の外に出てみたいという、「型破り」の欲求を持つものではないだろうか。

　ある価値観の型をつくってそのなかにヤドカリのように入るのは、そのほうが安心だからだ。だが、ヤドカリが住処《すみか》とする貝が窮屈《きゅうくつ》になれば、それを捨てて別の貝に移るように、人も自分がはまっている型に不具合を感じれば捨ててしまえばいいのだ。むしろ、そのほうが自然なことであり、同じ型のなかにずっと変わらず居続けるのは不自然だといえる。

「節操がない」に近い言葉に、「朝令暮改」という四字熟語がある。朝令暮改もよくない意味合いで使われるが、本来、考え方というものは変わって当たり前である。時代や環境によっていくらでも変わる。

　変わりうることは適応力があることだ。人が変化することを、そんな視点からも積極的にとらえるべきではなかろうか。

石橋を叩く人は渡らない

仕事でよく使われる「検討します」という言葉は、間接的に「ダメです」と断っている場合が少なくない。

なかには前向きに考えるという類《たぐい》の検討もあるが、時間をかけすぎれば、チャンスはどんどん目減りしていくものである。

検討している間にライバル会社が横から入ってくる可能性もあるだろうし、別のところで誰かが知らぬ間に実行してしまうこともありうる。やりたいと思っても予算的に難しくなったり、やれる人材がいなくなって、実現不可能になってしまうこともあるだろう。

このような例を持ち出すまでもなく、慎重になりすぎて決断が遅れると、チャンスは消えてなくなってしまうものだ。石橋を叩きすぎるのはダメなのである。

渡る前に石橋を叩く人は、実際はほとんど渡らない。石橋を何度も何度も叩いて確めるという行為は、石橋を削ってその材質を検査・分析をするような馬鹿げたところがある。強く叩きすぎて、渡ろうとする石橋が壊れてしまい、渡れなくなるという愚かなことにもなりかねない。

問題は叩くタイミングである。

私なら、渡る前ではなく、叩きつつ同時に渡っていくだろう。石橋を渡るときは気持ちをまず向こうへ渡してしまうことである。そのうえで細心の注意を払いつつ、渡っていけばいいのである。

戻りながら前へ進め

私は後ろ向きな人間である。それも、かなり積極的な後ろ向き人間だ。天邪鬼《あまのじゃく》なのかもしれないが、みんなが当然のように「前に進むことはよいことだ」とひたすら前進しているのを横目に見ながら、私は一人、後ろに向かって歩いている気がする。

後ろに向かっていくその先には1万年前の人類がいて、さらにその先には40万年前の人類がいる。もっと先には恐竜がいて、三葉虫がいて、ミトコンドリアがいる。

言葉から離れて本能へ、人工物から離れて自然へと近づく行為が、私にとっては何より大切なのだ。だから後ろに向かって歩むのだ。

人類は前に進みすぎてしまったなあ、という思いが私にはある。AIの進化形、ChatGPTなるもののニュースに接すると、とうとうルビコン川を渡ってしまったな、とさえ感じる。

そもそも進む方向は前とは限らない。後ろに進むことも大事なのだ。前にだけ囚われるのは生物としては危険だ。自然界の生物は、前、後、横、上、下と全方位に神経を立てている。前に進むことは善であると、前だけに気を取られるのは、前頭葉が異常に発達した人間だけだ。

人類が後ろにあるものを大事にしてこなかったツケは小さくない。人間が人間らしい呼吸をするには、前だけでなく、後ろや横にも目を向け、時にはそちらに進むことが必要だろう。

向い風を使えば大きく前へ進む

私の勝負人生は「逆風こそ順風」という、逆説を地でいくような瞬間の連続であった。あえて順風を捨て、逆風を選ぶことで、私は勝負における修羅場《しゅらば》という修羅場のすべてをくぐり抜けてこられたと思っている。

逆風こそ順風。そのことを如実に教えてくれるのは、スキージャンプの競技だ。飛距離を伸ばすには強い順風が吹くほどプラスだ、とふつうは思われるかもしれない。だが、実際は逆だ。向かい風のほうがジャンプには好都合なのである。なぜなら、逆風は浮力となって凧《たこ》のように選手を高く持ち上げ、遠くまで飛ばすことを可能にしてくれるからだ。

スキージャンプと風の関係は、見事に「逆風の真実」を教えてくれる。

私は、麻雀の勝負で「ここぞ」というときに順風に乗ることを選ばず、あえて逆風に向かっていった。それは、限られた時間内にいろいろなことを同時にしなくてはならない追い込まれた状況が、大きな爆発力を生むことを知っていたからだ。その爆発力を使えば、まさに大逆転という遠くの地点へ一気に飛べる。

この「逆風の真実」は、人生においても応用できる。強い向かい風のときはそれを避けたり、その状況から早く抜け出したりすることを考えず、活用して遠くに飛ぶことを考えるのだ。

追い風は意外と早く失速してしまうが、向かい風は自分でも思わぬほどの飛距離を出してくれることを知っておくと強いと思う。

運が人を選ぶ

運というものは、願ってやってくるようなものではない。運というと、何やら目に見えない不可思議なもののように感じるが、実際は極めて具体的なものだ。それは、しかるべき日々の努力や生きる姿勢から、自然とやってくるものだからだ。

「運がやって来ますように」と願って行うような行為や思考は、かえって運に嫌われるものだ。むしろ、淡々とやるべきことをしっかりやっている人を運は好む。つまり、運は求めるものではなく、運が人を選ぶと思っていたほうがいい。

では、運に選ばれる人とはどういう人なのか。

●物事には流れというものがあるが、流れを鋭くとらえる人はチャンスをものにすることができる。
●運がある人は小さなことによく気づく。大きなことは誰の目にも入ってくるが、小さなことは感覚を研ぎ澄ましていないと気づかないもの。この小さなことに現状を変えるヒントが潜んでいる。
●違和感のないものを選ぶ感性を持っている。
●「準備・実行・後始末」を一つ一つしっかりやる。

ここにあげたものは、運に選ばれる人に見られる特徴のほんの一部にすぎない。運に恵まれる人は、こうした行動や思考のパターンを平均的な人より一桁も二桁も多く持っているものである。

運は偶然でない

運は、突然降って下りてくる偶然のもの。そんなイメージを持たれている人も多いだろう。宝くじのような偶然のラッキーが存在するのは確かだ。

だが、そんな天に任せたような運には、いかなる法則もなく、まったく当てにならない。宝くじに高額当選をした人が、宝くじの「当たるコツ」のようなものをテレビで披露しているのを見たことがあるが、そんなものはノウハウでも何でもない。もしそのようなものが本当にあるのなら、みんなそれを実践して同じように高額賞金を当てることが可能になるはずだ。

こうした偶然の運に対して「必然の運」というものがある。運に恵まれる状況は、たいがい必然の運によるものである。

必然の運は、日ごろの行動の仕方や気の持ちようによって誰もが呼び込むことができるものである。

たとえば、「準備・実行・後始末」という円のサイクルを切れ目なく、日常のなかでつなげていくとか、物事の流れをつかめる感性を磨くとか、仕事を楽しくする工夫を怠《おこた》らないとか、そうした行動や姿勢が必然の運を招くのである。

しかし面白いもので、必然の運がない人ほど、偶然の運を神頼みのようにして願ったりするのである。だが運の本質が何かということに気づかない限り、必然の運は永遠に姿を現さないのである。

流れを読んで、変化をつくれ

人には変えることのできない宿命がある。たとえば、顔や体など親から受け継いだ遺伝子レベルで決められているものや、日本人として生まれたことなどは宿命だ。

一方で変えることができるのが運命だ。運命は意識や行動次第でいくらでも変えることが可能である。運命という言葉は、「命を運ぶ」と書く。生きるとは命を運ぶということだが、その命はさまざまな流れによって運ばれている。

ある家庭環境で育ったという流れ、ある学校に入ったという流れ、ある会社で働くという流れ、ある相手と結婚したという流れ。こうした大きな流れのなかから、さらに小さないくつもの流れが枝分かれして生まれてくる。

そう考えると、運命とは無数のさまざまな流れの組み合わせで決まることがわかる。

つまり、運命を変えるには、それまでの流れを変える行動を起こしたり、チャンスを孕《はら》んだ変化を素早く見つけ、それに遅れず飛び乗ればいいのである。そのためには、流れを大局でつかむ視野を持ちながら、同時に小さく変化する流れの綾《あや》にも気づかないといけない。

この世のすべてのことは常に変化し続ける宿命を持っており、そのなかにある一人ひとりの運命もまた変わっていくものである。

運命を定められた宿命のように感じて諦《あきら》めることはない。変化を起こさなければ、運命は本当に何も変わらないのである。

誰の背中にもチャンスはくっついている

「あいつに今、チャンスがくっついているのになあ……」

雀鬼会の道場生たちの対局を見ていて、そう思うことがしばしばある。チャンスが舞い降りて、道場生の背中のあたりにくっついているような感じが実際にするのだ。

けれどもそれはほんの一瞬だ。当人はそれにまったく気づかない。

チャンスは気まぐれなので、あっという間に消え去り、また別の人の背中にくっついてしまう。

勝負の場において、チャンスはめまぐるしく動き回っている。一人ひとりのプレイヤーがつくり出す流れが複雑に絡み合えば合うほど、チャンスの動きはすさまじく速くなる。あちこちで現われたり、消えたりを、目にもとまらぬ速さで繰り返している。

麻雀のように偶然の要素を含むゲームでは、チャンスは強い人のところばかりに行ったりしない。弱い人のところにもたびたびやって来る。だが、弱い人は、背中にくっついているチャンスになかなか気づけないのだ。

チャンスはつかみとるものでなく、向こうからやって来るのである。それに気づくかどうかで、勝負の行方は大きく変わってくる。

チャンスに気づくには、ふだんの生活の小さなことにも気づく感覚を磨くことだ。そんな感性を持つことが、仕事や人生の大きなチャンスにも気づく力になるのである。

一生における運の量は決まっていない

大ブレイクしてテレビ番組などに引っ張りだこになった芸人がいつの間にか姿を見せなくなって、「そういえば、あの芸人はどうしたんだろう」となることがたまにある。そのとき、「あの人は一生分の運を使ってしまったのかもしれない」という感想を抱く人もいるかもしれない。

ものすごくラッキーなことが起こった人が、その後、ついていないことが続いたりすると、「あれで一生分の運を使ってしまった」という感想を漏らしたりすることがある。実力以上に大きな運が舞い込むと、人はそんな感慨を抱くことが多いのだ。

では、そういった人たちは本当に一生分の運を使い果たしたのだろうか。

そんなことはけっしてない。運というのは、埋蔵量が有限の鉱物や石油といった資源とは違う。運の総量は、宿命のごとく定まっているわけではない。一生の時間のなかにおいて、それは無限にあるのである。

「一生分の運を使い切った」ような気持ちに当人がなったりするのは、「こんな幸運なことがあると反動でよくないことが起きるんじゃないか」という不安な心理が働くからだと思う。

実際、大きな運に恵まれたことで自分を見失ったり、驕《おご》って油断したりして、その後、運に恵まれない人生を歩む人はいる。だが、等身大の自分を保ち、そのうえでしかるべき行動をする人は、運が運を呼ぶような人生を歩むことができるのである。

心が澄めば、運が入ってくる

仕事ができる人とできない人の違いは、実行力とそのスピードにある。たとえば、仕事ぶりが今ひとつだと感じる人を見ていると、取引先や客からしょっちゅう「あれはどうなっているの?」と催促され、その度に「忙しくて少し遅れています。これから急いでやりますので……」といった調子である。

片や、できる人は、催促される前にいつも仕事を済ませているものだ。できる人は、何に対しても「準備・実行・後始末」がしっかりできるから、常に「済ます」状態でいられるのだ。

抜かりなく準備を整えることでスムースに実行できる。実行が済んだからといって後始末をなおざりにすることはない。後始末をきちんとすれば、それが次の実行への準備になる。

この循環を滞《とどこお》りなく行うので、ミスすることも、遅れもなく、「間に合う」人になるのである。

「間に合う」人になるには、ちょっとした雑事も右から左へ流すように素早く済ませていく感覚を持つことが大切だ。面倒に思って「後ですればいいや」とならずに、その場で常にさっと済ますことである。

いつも済ませた状態を心がけると、心は余計なものがない「澄んだ状態」になる。心が澄めば、チャンスに気づく感覚が自然と研ぎ澄まされるのである。

逆境を円に収めて、グルッと回す

麻雀には東南西北があってグルグル回っている。この循環にこそ麻雀の本質がある、といっていい。

自分だけが上がればいいという一方通行の気持ちではなく、チャンスはぐるぐる回って相手にも自分にもくるという円の感覚を持つことでいい麻雀が打てるからだ。

流れが東南西北とぐるぐる循環するということは、自然という宇宙が麻雀の卓に投影されているのである。つまり、そこでは自然界の流れや動きに似たことが起こる。

麻雀のいい打ち手は、この自然の流れを巧みにとらえた円の動きをする。一方、うまくない人は点や線の動きをする。点や線の動きとは、全体を見ず、自分の手牌ばかり見たり、勝ちを急いで流れを壊すようなことを突然したりすることである。上手な打ち手は、回っている流れに棹《さお》を差すような滑《なめ》らかさがある。

私は不利な流れだというときでも、円の感覚をけっして失わない。円の感覚があれば、しばらくすればツキが戻ってくるだろうという余裕が生まれ、また全体観を保つこともできる。

人生における逆境もこのような円環のなかに置くといい。

生物連鎖の壮大な円や、季節とともに回り続ける自然のなかに人間の生命はある。そんな円のなかに逆境を収めると、いずれその姿は消え、幸運が訪れるようにできているのである。

「相互感」「全体感」「時の感覚」をつなげて、運を招く

運やツキをとらえるうえで鍵となる三つの感覚がある。「相互感」「全体感」「時の感覚」である。

運やツキといったものは常に動き、変化しているのだが、この三つの感覚があれば、それを感じ取って自分に引き寄せることができる。

「相互感」は、人は人との関係やつながりにおいて存在するという感覚である。自があって他があり、他があって自がある。

相互感がないと、独りよがりになる。相互感は伸縮自在であり、状況によっていくら

でも変わる。一対一の相互感もあれば、一対多、多対多の相互感もある。

一人の人間が持つ相互感と他人の無数の相互感が交わることで、そこに全体感というものが生まれてくる。

「全体感」は、部分に囚われないために必要な感覚であり、全体感があれば変化する動きに敏《さと》くなる。変化を感じ取れない人にチャンスはやってこない。

「時の感覚」は、変化とともに経過する〝時〟に対する気づきである。この世のすべてのものは、常に動き、変化している。この時の流れのヘソをつかむのが時の感覚だ。時の感覚があれば、物事には間に合うことができる。

この三つの感覚は互いにつながっており、人を包み込む大きな円を成している。その円を感じながら考え、動くことがいい生き方につながってくるのである。

旬を見極めることがチャンスになる

魚や野菜、果物といった生の食べ物には旬がある。旬とはいうまでもなく、その食材がもっとも美味しく食べられる時期だ。

言い換えれば、旬とは食材となるものの生命のエネルギーが頂点に達し、もっとも力に満ちている状態のときにほかならない。

旬の時期はほんの瞬間である。極めて短い時間にしか存在せず、それを逃してしまうと味は急速に落ちていく。

昔と比べて今はだいぶ食環境が変わり、食の旬といったものが以前よりなくなってきている。コンピュータで管理されたハウスで栽培される果物や野菜、養殖される魚……多くの食材が人工的につくられてしまう時代だから、旬を味わう喜びが減るのは仕方がないのかもしれない。

旬は、食べるものだけではない。人間関係でも仕事でも遊びでも、人間のすべての行為には旬がある。

スポーツ選手でいえば、心技体がもっとも充実しているときが旬だろうし、仕事でも新しいビジネスが時代の旬を突くものなら成功する可能性は高いだろう。恋愛関係などは旬がはっきり出てくるものだ。

物事の旬をつかむことはチャンスをつかむことであり、その感性は今という瞬間を大事にすることで培《つちか》われるのである。

不利なときは変わり目を待て

私は困難な状況にあるときほど、気持ちが燃える人間である。麻雀の勝負においてもそうだ。悪い流れが続き、どんどん追い詰められ、圧倒的に不利な情勢になるほど、それをおもしろがっていた。

私にとって楽に勝ち続ける勝負は些《いささ》か退屈なのだ。つまり、容易に変えるのが難しいような劣勢の状況は、自分の力を試す恰好の局面であったわけだ。

麻雀の勝負は、そのときの「運量」（運の量）が多い者が勝つ。しかし、運量は決まったものが各プレイヤーにあらかじめ振り当てられるわけではない。運量は勝負の最中、目まぐるしく変わる。劣勢の人は当然運量が少ないが、何かのきっかけで急激に増えたりもする。もちろんその反対もある。私には運量がそうして刻々と変わっていくのが手に取るようにわかる。

不利な状況はいつまでも続くわけではない。勝負には流れがあって、それが必ず変わる潮目がある。その変わり目の到来こそがチャンスなのだ。これを見逃さずすかさず攻勢に出ると、相手の運量とこちらの運量がスッと入れ替わるのである。

相手の運量が圧倒的にあり、こちらの運量が僅《わず》かしかないときこそ、私にとっては勝負の醍醐味《だいごみ》が味わえるポイントである。そこを踏ん張って、変わり目を見逃さなければ情勢が一気に逆転する。

人生においてもこれと同じことがいえる。不利なときは焦らず変わり目を待つ。このことをしっかり覚えておいてほしい。

「絶体絶命」はない

ちょっとした問題が起こると、右往左往して具体的な行動ができない人がいる。反対に、大きなトラブルに見舞われても肝《きも》が据《す》わって冷静に対応していける人もいる。

後者は、「命までなくなるわけではない。命を失うことに比べれば、大きなトラブルであろうとたいしたことはない」と思えるのだ。

トラブルに弱い人は、必要以上にトラブルを大げさにとらえ、複雑に考え込んで事態を大きくしてしまう。

片やトラブルに強い人は、トラブルを等身大でとらえ、対処すべきポイントを正しく整理し、それを順番に片づけていくことができる。

つまり、トラブルを大きくするのも、小さくするのも、その人の心持ちのあり方一つなのである。

トラブルに見舞われたとき、心理的にパニックになり、正確にその全体像がつかめなくなることがある。それが少しずつ収まってくればいいが、ずっとトラブルに囚われっぱなしという人もいる。こういう人はトラブルを絶対視してしまっているのだ。

絶対視の感覚で相対すると、小さいトラブルならまだいいが、大きければ「絶体絶命」の状況になってしまう。

だが、命を取られる以外、「絶対」ということはない。絶体絶命という状況の99%は、あくまでその人が自らの頭でつくり出したものにすぎないのである。

言葉にはコントロールがいる

「キレる」とか「ムカつく」という言葉を耳にしたり、目にしたりすることが以前より増えた気がする。

　人間関係は感情のキャッチボールの上に成り立つものだ。なるべく相手の構えているミットにボールが収まるように投げるのが、良好な人間関係を築くコツである。怒りの感情は、いうならば暴投である。

　喜怒哀楽の感情を持っているのが人間である。腹を立てることそのものは自然な感情表現の一つである。

しかしながら、「怒り」は、冷静さを失うことで正しい行動をとれなくなり、そのため事態を悪化させかねない。とくに勝負事では怒ったら負けである。怒りはほどほどにしないと運が逃げてしまう。

キレそうになったら10数えて気持ちを落ち着かせるなど、世間では怒りをコントロールする方法が流行《はや》っていると聞く。ただ、怒りをコントロールしようとすると、かえって怒りを強く意識してしまう面があり、上手に怒りの感情から離れていけない事態も起こりうる。

私は、怒ったときは、ユーモアや楽しさといった感情をできるだけ混ぜるようにしている。混ぜるものは、何かにチャレンジしようという意欲、あるいは誰かに対する共感でもいい。そうすることもまた、怒りを薄めるための工夫になるはずである。

修正力を身につければ、正しい選択になる

人間は不完全な生き物だ。だから間違わない者など一人もいない。大事なのは、間違ったとき、失敗したときにいかに修正するかである。

この修正力があるかないかで、生き方は大きく変わってくる。

勝負でミスをしたときは、けっして慌ててはいけない。慌てると、ミスによる傷口はもっと大きく広がりかねない。そんなときはあくまで冷静に構えて、次の行動に影響が及ばないようにしないといけない。ミスしたあとは正しい行動を心がけ、修正していくことができればいいのである。

麻雀の勝負では、時に「かげり」という現象が起こる。ミスとはいえないちょっとしたつまずきから、流れが悪くなって調子にかげりが出てくるのだ。

そんなときは、その状況から抜けようと焦ってはいけない。「かげり」はだいたい20〜30分もすれば消えていく。だから、それまでは淡々といつも通りに打っていればいいのである。

このように、冷静に状況が変わるのを待つのもまた修正力の一つといえる。

仕事でも人生でも、正しい選択を常に重ねていくことができれば理想だ。だが、そんなことができる人は地球上に誰もいない。

どんなに優れた人でも必ずどこかで間違いやミスを犯し、誤った選択をしてしまうことがある。しかし、修正力があれば、間違いやミスから回復することで結果的に正しい選択をしたのと同じ状態に戻ることができるのである。

目標は横に置くといい

事を成そうとするとき、人は目標を持つ。

しかし、目標は何でも立てればいいというものではない。同じ目標を持つのでも、どういう内容のものか、現在地からどのくらいの距離があるか。それによって、目標に向かう行動のあり方も変わってくる。

「志は高く、目標は高く」ということを言う人がいるが、高すぎては現実的な意味合いに欠け、実際には目標になりえない。たとえば、平凡な力しか持っていない高校野球の選手が大リーグに行くことを目標にしても、それはただの叶わぬ夢でしかない。

目標はあくまで達成可能な範囲で設定することである。そして、2種類に分けて設定するといい。

一つは、頑張ればぎりぎり手が届く目標。もう一つは、その目標を行程ごとにさらに細かく分割した小さな目標だ。

そして前者の目標が達成されれば、その時点でまた次の目標とそれをいくつかに割った小さな目標を設定するのである。

ぎりぎり手が届きそうな目標は、前ではなく、横に置くような感覚を持つといい。横に置くと余計なプレッシャーがなくなるし、妙な力も入らない。横を見ると目標に触れられそうな伴走の感覚は、目標達成までの時間を短くしてくれるはずである。

360度自在に回る軸を持て

球技でも陸上でも格闘技でも、スポーツは体の軸が大事である。スポーツだけではない。仕事でも生き方でも、軸となるものが必要である。

「心に軸を持て」などといったことも言われるが、軸という言葉を聞くと、たいていの人は、体や心の真ん中にスッと1本の軸が真っ直ぐに伸びている様《さま》をイメージするのではないだろうか。

だが、そうした軸は実は脆《もろ》い。私にとって軸とは、しなやかに変化していくものである。竹のように右に左にたわむことができるものである。さらにいえば、その軸は360度自在に回転するような縦横無尽さがあると理想だ。３６０度回転するということは、軸が無数にあるということでもある。

軸は一つだけで、しかも真っ直ぐにあると思えば、体の動きも思考の広がりも限定されてしまう。たとえば、格闘技では相手の軸をとらえると押さえ込むことができる。軸が一つしかないと押さえられたらお終《しま》いだが、軸が回りながらたくさんあると押さえることは難しくなる。

信念は生き方の軸となってよいもののように感じる。だが、それは心を一方向に固める機能を持ち、変化についていけない不自由なものになりがちである。

思考は軸が一つだけだと視野が狭くなるが、自在に回る軸があれば物事を多面的に見ることができる。軸は一方向に一本だけ頑《かたく》なに持つべきではないのである。

土の章

賢くならない

賢い人とバカな人。どちらになりたいかと訊《き》かれたら、誰しも「賢い人」と答えるだろう。私の場合は逆である。世間でいう賢い人になるくらいなら、世間的にはバカなほうがいい。

不思議なことに、みなが賢い人を志向しているのなら、この社会はもっと賢いものになるはずだ。なのに、実際はそうはなっていない。

科学技術が進歩しているから賢くなっているではないかと反論する人もいるだろう。だが、政府が行うアンケートなどを見ると、生きることの満足感や、生活の安心という観点では、むしろよくないほうへ進んでいるようである。賢くなりたい人が知恵を出し合って、よりよい社会を築くのではなく、結果的にはより悪い社会をつくっているのだ。本当の意味で賢くはない社会なのかもしれない。

賢いだの、バカだのといっても、それはあくまで人間社会における話だ。動物や昆虫の世界には賢さやバカといった基準は存在しない。彼らは自然の理にかなった生き方を本能的にしているだけである。

自然の法則を無視し、迷惑をかけている人間は、自然から見れば、まったく賢くはないだろう。

世間でいう賢さとは、ちょっと人より知識があったり、お金儲けができたりする程度のものにすぎない。もし「自分は賢い」と思うのであれば、反対にバカな生き物になっていると受け止めたほうがいいかもしれない。

裏のない人間はいない

「あの人は裏がある」

　その言葉を聞いた人は、そこに何となく批判が込められているのを感じる。

　だが、まったく裏のない人はいない。裏のない人というのは、建物の図面でいえば平面図のようなものだ。立体図や透視図を見れば、表だけでなく、ほかのいろいろな面があることは一目瞭然なのに、人間は表だけで互いを見たがるところがある。

　私は秋になると、樹々を見上げ、葉がひらひらと舞い落ちてくる様《さま》を眺《なが》める。落ちてくるものに表だけの葉はないし、裏だけの葉もない。表だけの葉があるとすれば、それは紙に描かれた絵の上だけである。

葉に表と裏があるように、人にも表があって裏がある。表だけの葉が奇妙であるように、表だけで生きている人間がいれば、それもまた奇妙なのだ。

「人間は裏があってはダメだ。正直に生きるべきだ」

そんなことを言う人は、むしろ自分の裏側に無自覚なだけで、実は裏にたくさんのものを抱えていたりする。本当に正直に生きるなら、自分の裏も自覚してそれも人に見せるべきだろう。

人間には誰しも裏がある。裏どころか、多くの面を持った多面体である。だからこそ、いろいろな面を持つ人ともつき合えるのであり、変化に合わせた生き方が可能になるのだ。

誇りはホコリである

人間のなかでいちばん厄介な感情は何だろうか？　それは自尊心だと思う。自尊心は人を成り立たせる存在の核のようなものなのかもしれない。だからこそ人は、自尊心が少しでも損なわれたと感じると、激しく怒ったり、嘆いたりするのである。また、そうならないために、しょっちゅう相手より上だとアピールしたり、優越感を抱くための心理的な工夫や努力をしているのだ。

日本は先進諸国のなかでは自殺率が際立って高い。自殺する人を最終的に追い込むものは、この自尊心というプライドである。それを瀬戸際で捨てることができれば、追い詰められていた気持ちが「世間体なんてどうでもいい」「こんなに頑張らなくてもいいんだ」となって和らぐだろう。

しかし、プライドを捨てることは自分そのものがなくなるかのように思い込んでいるので、そう簡単にできないところが難しい。

道場生のなかにも、プライドがやたらに高い人間がいる。私は「そんな屁にもならないようなものは持つなよ」と言いながら、彼のプライドをほかの道場生たちと一緒になってわざとかき回すようなことをする。

高すぎるプライドは、その人の生き方を狭くする。プライド、すなわち誇りとは、その気になればいつでも払い落とせるホコリのようなものだと思っておいたほうがいいのである。

敗北の99%は自滅である

私が麻雀を始めたころ、不思議に思うことがあった。それは、「どうしてみんなわざわざ負けるために頑張っているんだろう」ということだ。

私から見れば、たいていの人が自ら進んでつまらないミスを犯し、それが原因で負けていっていた。

対局では、私が何もしていないのに、相手が勝手にミスをし、音もなく沈んでいくという光景が幾度も幾度も繰り返された。勝ちを狙《ねら》っているはずなのに、なぜ負けにつながる手を自ら望むようにして打つのか、不思議で仕方なかったのである。

人の世を眺め渡せば、それと同様の光景をいたるところで目にすることができる。仕事も人生も、しかるべきタイミングで正しい行動をとらなかったために、しくじったり、人間関係が壊れたりする。そんな無数の自滅劇を日々、人々は演じている。その様を見ていると、99％の人は自滅しているとさえ思えてくる。

自滅する要因の一つは、欲の持ち方だ。仕事でも人生でも、人は勝つこと、お金を得ること、評価されることなど、さまざまな欲に囚われすぎている面がある。欲が強すぎれば関心があるものにだけ目が行き、全体観を失い、バランスを崩す。もっとたくさんのものを得ようと、力みが入って変化に対応する柔らかさを失くし、人間関係の問題を起こすこともある。

人には抜きがたい「自滅」の習性があるのだ。その自覚を、まずはしっかり持っておくべきだろう。

「負けない」がいちばん強い

「負けない」と「勝つ」。

この二つの姿勢は、結果的に同じことを意味しているように見えるが、本質においてはまったく別物である。

たとえば「負けない」は、「勝ちたい」よりも「強さ」の点で勝っている。「勝ちたい」気持ちには、必然的な脆《もろ》さが伴うからだ。

「勝ちたい」という気持ちには際限がない。勝つことは無条件にいいことだと思っているから、目的のためには手段を選ばずで、ときに卑怯《ひきょう》なことも目をつむってやってしまう。勝者の裏側には必ず敗者がいるが、敗者を徹底して打ち負かすことが、時に相手の人生や生活を狂わせてしまうということにはつゆほども思いが至らない。

一方、「負けない」という気持ちは、人間の素の部分、本能に近いところにある。負けなければいいのだから、限度をわきまえており、相手を再起不能になるほど追い詰めたりはしない。

「負けない」という気持ちには、相手がちょっと弱ればおしまいとか、自分に必要なものが得られれば十分という「納得感」があるが、「勝ちたい」という気持ちはどこまで行っても満足はなく、得たものへ執着し、失うことへの不安と焦りを常に抱えている。そこから綻《ほころ》びや脆さが生じるのである。

本当の強さに近づくには、「勝つ」より「負けない」という感覚をどれだけ磨いて持てるかにかかっている。

「勝負所」は圧倒的に不利なときに訪れる

「ピンチのあとにチャンスあり」と言うが、勝負事においては、ピンチとチャンスは交互に繰り返し訪れる。

私は、楽に勝てる勝負より、大きなピンチに見舞われながらもそれを引っくり返して勝つような勝負が好きだ。要は、ぎりぎりまで追い込まれるような勝負を自ら無意識に望んでいるところがあるのだ。

勝負には、いわゆる勝負所というものがある。これはただのチャンスやピンチの局面とは違う。

本当の勝負所は、そうしたものを超えたところにある。ただ、それは大きなチャンスが来たときの話ではない。逆に、圧倒的に不利な状況のときにこそ訪れるのだ。

麻雀でいえば、自分以外の3人がリーチをしているような状態だ。こちらには2分の利しかなく、相手には8分の利がある。相手からすれば、もう一息で仕留められるという寸前の状態だ。

どこを見てもリスクしかないような局面に全身全霊で向かっていくと、火事場の馬鹿力のようなものが出てくる。耐えに耐えてしのげば、立場が突然ガラリと変わる。あれだけ圧倒的だった相手が逆にハンデに満ちた状態になるのだ。

限界点を突破する力——。それを絶対的に不利な状況で発揮できるのが真の勝負所なのである。

ホンモノの強さは目に見えない

雀鬼会の道場には、「1秒ルール」がある。牌《パイ》を1秒で打たないといけないのだ。なぜか？　1秒だと考える余地がなく、考えることで生じる迷いや無駄がなくなるからである。

私は「考えるな、感じろ」と道場生によく言うのだが、瞬間を感じて打つと的を射ることができる。もちろん、感じる力が伴っていなければ、的を射ることができない。何万回、何十万回と体で瞬間と相対しているうちに、感じる力は自然と磨かれてくる。

この瞬間にかけるスピードにこそ、強くなる秘訣がある。

ホンモノの強さというのは目に見えない。１秒ルールは、目に見えないスピードとリズムをつかむ練習をすることでホンモノの強さを目指しているのである。つまり、瞬間をつかむことは絶対的な強さに近づくことなのだ。

ホンモノの強さは目に見えないから、言葉で言い表すことはできない。具体的に「こういうものです」と言うことも、見せることもできない。

具体的に言い表せるものには、「終わり」がある。だが、ホンモノの強さには、ここで終わりという限界はない。限界がないから形も定まらない。つかみようがない。語りようもない。すなわち、体で感じるしかないのだ。

もし、「ああ、強いな」と目に見える強さであれば、それはまだホンモノの強さとはいえないのである。

悪手で勝つ誘惑を絶て

勝負には「悪手」というものがある。悪手は正しくない手だから、基本的にはミスを呼ぶ。だが、この悪手が逆に生きてしまうときがあるのだ。

勝負には流れというものがあって、正しい流れのときもあれば、間違った悪い流れもある。

麻雀では、正しい流れであれば正着《せいちゃく》を打っている限り、流れに乗れる。だが、間違った流れであれば、正着を打っても流れに乗れなくなるときが往々にしてある。間違った流れのときは、間違えた打ち方をしたほうが勝ってしまうのだ。悪手が生きるというのは、こういうことである。

しかし、間違った流れのときにそれに合わせて悪い手を打ってしまうと、そのときはよくても、次に正しい流れが来たときに合わせられなくなってしまう。

間違った流れというのは、野球でいえばイレギュラーバウンドで飛んでくるボールのようなものだ。イレギュラーバウンドは頻繁に起こるものではない。せいぜい一試合に一回起こるかどうかである。そのイレギュラーバウンドを予想して高い位置でグローブを構えていれば、ふつうのゴロは捕れなくなってしまう。

間違った流れというのはイレギュラーだから、それに照準を合わせる必要はないのである。悪い流れが続けば、悪手の誘惑が強くなるかもしれない。だが、そうなったとしても、正しい手を裏切ってはならない。あくまでも正しい手を貫くことが最終的に正しい結果を導くからである。

本番も常の内に収めよ

知り合いのボクサーが世界タイトル戦に臨んだときのことだ。テレビのレポーターから「どんな試合をしたいですか?」と訊かれ、「ふだんしていることをそのまま出すだけです」と答えていた。

これは言い換えると、相手が相当にタフなボクサーであろうと特別にそのことを意識したくない、あくまで平常心で戦いたい、ということだろうと思う。

しかし、平常心とは本番のときだけに必要なものではない。ふだんから大切なものだ。つまり、日常という「常」を大切にする心が、平常心なのである。揺れない心がすなわち、平常心というわけではない。「常」の心を本番に置くことができれば、結果的に「揺れない心」になるにすぎない。

常の心をいつも持っていれば、ふだんと本番の距離はなくなる。本番も常の内に収まってしまうからだ。

常を大事にするとは、日常を雑にせず、何事にも「間に合う」生き方をすることである。小さなことにも気づき、どんな些細《ささい》なこともおろそかにしない。そんな積み重ねが、「常の心」をつくっていく。

日常をおざなりにしている人が、本番になって「平常心」「平常心」と唱えても意味のないことである。本番でも平常心を保っていられる人は、逆にいえば、平常心というものをそもそも意識していない人なのである。

計算しないほうが勝つ

かつて麻雀のプロが出場する大きな大会に雀鬼会の道場生が二度ほど参加したことがあった。いずれも並みいるプロを抑えてアマチュアの道場生が優勝した。

雀鬼会の麻雀は1秒で牌を打つ感性の麻雀である。対して世間一般の麻雀は思考や計算を駆使するスタイルであり、その点でいえば、同じルールに従ったゲームでありながら、それぞれまったく異質のものといえる。

ふつうは思考や計算をできるだけ使ったほうが強いと思うだろうが、そうではないことを、件《くだん》の大会では証明してみせたわけである。

私がそもそも雀鬼流を始めたのは、麻雀から政治や経済という要素を取ったらどうなるのだろう？という思いからであった。政治や経済というのは、「駆け引き」や「計算」の比喩である。

駆け引きや計算というのは、本来きれいなものではない。そんな要素を取り払ったところに現れる麻雀は、計算ずくの麻雀とはまったく違うものになる。そんな期待と確信から雀鬼流麻雀は始まったのだ。

計算ずくの麻雀より計算しない雀鬼流のほうが強いという結果は、ふだん我々が仕事や人間関係で行っている計算の多くは無駄、あるいはマイナスに働いている可能性を示《し》唆《さ》してはいないか。

もちろん、ある程度の計算は必要だ。だが、余計な計算は極力外してみてはどうだろう。そうすることで、きっとまた違った仕事や人生の展開があるはずだ。

いい負けをつくる

勝負の世界では、負けた際に敗因を分析することは、次の勝ちにつながる重要な手がかりになる。仕事でいえば、勝負の負けに相当するのは、失敗ということになるだろうか。同じ負けでも、「いい負け」になるか、「悪い負け」になるかの分かれ目は敗因分析をするか否かにある。

勝つことだけに価値を置きすぎれば、そのあたりのことがつい疎《おろそ》かになる。負けをただのマイナスとしてとらえていると、いい負けをつくれなくなる。

実はいい負けをつくるには、負けた結果を振り返り、その原因を分析するだけでは十分とはいえない。勝負そのものをいいものにしようとする姿勢が同時になくては、負けは本当の〝いい負け〟にはならない。

つまり、「勝てば何をしてもいいんだ」とズルをしたり、姑息《こそく》な手を使ったりするような勝負をして、でも結果的には負けてしまったという負けは、ひたすら悪い負けでしかないということである。

いい勝負をつくるには、自分の喜びだけでなく、相手も「いい勝負だった」と思えるような戦い方をしなくてはいけない。そのうえで負けたとしても、それはいい負け方になる。ちゃんと敗因を振り返ることをすれば、その人は伸び代を伸ばすこともできる。

いじましい手を使ってみっともない勝ち方をするなら、いい負け方をしたほうが断然いいのである。

勝ちを譲れる人は強い

勝負には、いい勝ち方と悪い勝ち方がある。麻雀の真剣勝負で、相手が胸のすくような清々しい勝負をしてくれると、「どうぞ、勝ってください」という気持ちによくなったものである。

ところが、どうぞと勝ちを譲るような気持ちになると、結局は私が勝ってしまうのだ。これは気持ちに余裕が生まれ、リラックスして柔らかい、いい麻雀が打てるからなのだろう。

相手に譲るという気持ちは、生きるうえでとても大事なことだ。だが、この競争社会では譲ることがすなわち敗北であるかのようにとらえられてしまい、譲る精神がすっかり希薄になってしまった。

道を行く車はみな我先にと自己中心的な走り方をするし、混んでいる電車で高齢者が乗ってきてもサッと席を譲る人は見ていても少ない。

仕事でも家庭でも、人間関係のトラブルは、互いに譲らないことから起こるものである。譲らないのは、相手に少しでも勝とうといういじましい気持ちがそうさせるのだ。

相手に「どうぞ」と寛容になるには、どこか人間的な強さが必要なのだ。

ちょっとした譲り合いで人の心持ちは変わってくる。仮に世界中の人が一日に一回譲ることを心がければ、世界は少しだけにせよ、確実によくなることだろう。

「守り」は攻めである

勝負では、情勢によって「攻め」と「守り」に分かれる。おおよそ優勢な状態のときは攻めの意識、劣勢にあるときは守りの意識になる。

しかし、私は勝負というものは常時、攻めの気持ちでいくべきで、守りの意識というものは一切不要だと考えている。守りの意識を持つと、そこに必ず「逃げ」の要素が入ってくるからだ。

たとえば、野球やサッカーでは、点数で上回っている側が試合終盤、守りを徹底的に固めて逃げ切るケースが少なくない。この「逃げ切る」という言い方は、はからずも守りが逃げに通じるものであることを示していると思う。

守りに逃げの気持ちが含まれていれば、そこから綻《ほころ》びが生じやすくなる。こと得点が僅差のときにそれは起きやすい。

得点差が開いていないときには、気力のぶつかり合いになり、それが上回るほうが有利に試合を運ぶものだ。だが追いつかれまいという守りの意識は、攻めてくる側より気力の点で劣るので、逆転される確率が高くなる。そうならないためには、守っているときも、必ず攻める気持ちでないといけない。

守りは、守りでなく、ただの「受け」ととらえるといい。ただ相手の攻撃を攻める気持ちで受ける。

そうである限り、そこに「守り」は存在しないのである。

きびしさはお守りである

今の社会は、便利さや快適さを追求する方向で進んでいるようなところがある。このような環境では、人はどうしてもやわになっていかざるをえない。

たとえば、大きな災害に見舞われ、便利で快適な生活がストップしてしまえば、何をどのようにすればいいのかあたふたし、大きな迷いと不安にかられる人は少なくないだろう。生きる「きびしさ」に慣れていない人ほど、きっとそうなるはずだ。

私は「楽な道」と「きびしい道」があれば、躊躇《ちゅうちょ》なく後者を選ぶ。きびしい状況は、自分の可能性を広げることになるからだ。だから、そんな状況になったときはむしろ、有難いと考えるようにしている。

いつも楽なほうばかり選んでいては、人はけっして成長しない。そして、楽な道を選ぶ傾向の強い人は、いずれそのツケを払わされることになる。楽なほうを選んでいる限り、生きる力が高まらないので、おのずとその人を取り巻くさまざまな状況がきびしいものになっていく。

反対にきびしいほうを選ぶ人は、そのことによって力をつけ、かつてはきびしいと感じたものでも楽に進むことができるようになるのである。

楽を選ぶとあとからきびしい状況に陥《おちい》り、きびしさを選ぶとあとが楽になるのである。その意味で、きびしさというものは、人生を生き抜く「お守り」になってくれるのである。

型に囚われるとモロい

私が麻雀道場で教えている麻雀は、雀鬼流と呼ばれているのだが、けっして戦い方の型のようなものがあるわけではない。たとえば、先に述べたように、1秒で牌を切るというルールがあるが、これにしても戦術や戦略を考えないための方法なのだ。

雀鬼流にあえてスタイルがあるとすれば、「瞬時に変化を感じ取り、柔らかく対応する」ところだろうか。

一般に武術やスポーツの世界では、型やスタイルというものがある。それは体を動かす際の決まった形であったり、戦略や戦術のスタイルであったりする。

たとえば、サッカーのチームは、得点するための攻撃のフォーメーションやゴールを持っている。そのフォーメーションがうまく機能すれば、得点を狙《ねら》える確率はおのずと高くなるが、そのフォーメーションを相手に崩されれば、途端に防戦する形になってしまう。

このように型というのは、型のなかで戦うと強いが、反対に型の外に出て戦うことになるとモロいのである。

型にこだわっていると柔軟性を失くし、予想外の変化に対応できなくなる。型への執着は、ともすれば可能性を狭める固定観念になってしまうのだ。私が自分の麻雀に型を求めず、つくらないのはそのためである。

型は持っても、それにこだわってはいけない。型を持ちながら型を破り、それを超えていく。そんな自由な場所でこそ、真の強さは生まれるのである。

間合いがよければ、うまくいく

武術では「間合い」が大切だといわれる。球技などのスポーツにおいても同じだろう。間合いとは、いってみれば距離感のことだ。いい間合いなら、相手の攻撃をまともに受けることもない。しかし、間合いが崩れれば、そこに隙が生まれ、攻撃にさらされるリスクが高まる。

力ある者同士が向かい合えば、間合いに緊迫感が満ちる。傍《はた》から見ると、間合いが軸になって二人が絶え間なく横、縦、斜めと動いているかのようだ。

間合いという緊張状態がまずあって、次にしかるべき攻撃へと形が変化するのである。

へたな者同士では最初から間合いも何もなく、きれいないい戦い方はできない。間合いの感覚は、仕事や人間関係においても大事である。いい間合いが取れる人は、バランス感覚に長けているので、仕事をスマートにこなすだろうし、人とのつき合いにおいても不要な問題を起こしたりせず、上手な人間関係を築くはずだ。

「いい間合い」のもっともいいお手本は自然である。

自然は絶妙なバランスの上に成り立っている。自然界の生き物や植物はそれぞれ互いに見事な間合いを取り合って生命を輝かせている。自然の動植物はみな間合いの達人である。

ひるがえって人間だけが、自然に対して間合いがまったくとれていない。そのことが人間社会におけるさまざまな間合いをもおかしくしている。その意味でも、人は自然の間合いというものをもっと深く学ぶ必要があるだろう。

知識が多いと不自由になる

私は、自分を無知な人間だと思っている。もちろん本や新聞は日常的に読んだりするが、いわゆる知識人といわれる人などと比べると、まったく無知だなと感じる。だからといって、もっと知識を身につけなくては……などと思うことはない。むしろ、知識はそこそこでいいと思っている。知識をたくさん持っている人を見ていると、たいがいどこか不自由さを抱えているように感じるからだ。

知識に対する欲求は2種類ある。一つは純粋な好奇心からくるもの。もう一つは社会で優位な立場を得るための手段として持ちたいという俗なものだ。

前者は悪くないと思うが、これも度が過ぎれば現実の経験世界において幅のない人間になってしまう。

後者は、知識を他人よりも上に行くための武器としてとらえているわけで、前者の知識欲とは異質である。

ビジネスの世界で成功するための発想法や思考スタイルを学ぶことなどは、この手の知識欲といえる。利己的で邪《よこしま》な傾向が強く、人に対して合理的で効率的なとらえ方をするなど、人間理解に乏しい欲求のあり方になる。

いずれのタイプの知識欲も、強すぎると結局は他人や現実から離れていき、副作用のほうが大きくなる。そうなると知識は本当の意味で生きてくることはなく、生きるうえでの自由さを削《そ》ぐことになるのである。

自立した人はいない

私はもうかなりいい歳になったが、いまだに自立していない。

それは、みなさんも同じだ。自分の会社を立ち上げてバリバリと仕事をこなしている敏腕経営者であろうと、精神的な高みに達したベテラン職人であろうと、完全に自立はしていない。

なぜなら人は誰しもみな、どこかで他人に依《よ》りかかって生きていかざるをえない生き物だからだ。自立とは正反対の依存心を持たない人はどこにもいない。

人という字は、人と人が支え合っている姿を表わしていると説明される。まさにその通りで、社会的存在である人間は、自立心の強い人でも、家族や友人、仲間などにそれなりに依存して生きていかざるをえない。

依りかかる対象は人だけではない。仕事、出世欲、理想、目標、お金、モノ……形のあるものからないものまで、実にさまざまなものに人はすがって生きている。

人は人に依りかかったり、何かにすがったりしながら生きる定めにあり、死ぬまで変わることがないのだ。

自立という精神が強すぎると、「自力でたいがいのことをしている」という驕《おご》りが生まれてくる。ともすれば、それは歪《いびつ》な利己主義に陥ったり、孤立という状況を導きかねない。

自立を考えるときは、他立とのバランスを含めて考えるべきなのだ。

空っぽになる

「あいつは空っぽだ……」

空っぽという言葉は、一般的にはマイナスのニュアンスでしか使われない。

しかし、何をもって空っぽというのだろうか？

知識なのか、信念なのか、あるいは何か別のものか？　知識がなくても、しっかりした信念があれば、空っぽとはいわれないだろう。

反対に信念など何もないとしても、知識がしっかりある人に対しても空っぽとはいわない。

およそ世間では、知識も信念も持ち合わせていないような人を、空っぽと指すらしい。

ならば、私は空っぽな人になりたい。空っぽではない人にはけっしてなりたくない。

知識が溢《あふ》れるほどあって、揺るぎない信念を持った、空っぽとは真反対な人。

だが、たくさんのものをぎゅうぎゅうに詰め込んでいると、苦しくなってくると思う。

当人は充実感を覚えているつもりでも、どこかしんどいはずだ。

自分という器にはいっぱいに入れないで、半分くらいは空けておきたい。そのくらいのスペースがあれば、風通しがよく、清々しい気分でいられるだろうし、いろいろなものが自由に出入りできる豊かさがある。

そんな空っぽ感覚を大事にしたい。

「終わり」は「始まり」である

物事にはすべて「終わり」がある。悪いことに終わりがくるとホッとするが、思い入れのあることに終わりがくるのは寂しいものである。

子が親を離れていくとき、肉親や友達が亡くなったとき、失恋したとき、学校を卒業するとき、会社を退職するとき、慣れた土地を離れるとき、さまざまな「終わり」を経て人は生きていく。

しかし、その寂しさや失った悲しさをいつまでも抱えているわけにはいかない。その思いが強すぎれば、次の一歩が踏み出せなくなってしまう。

私は、常にすべての「終わり」を「始まり」として生きてきた。「終わり」を終わりにしてしまうだけなら、寂しさや悲しさだけが残るが、それを別の「始まり」としてとらえれば、「何が始まるんだろう」という希望に似た感情が湧いてくる。寂しさや悲しみを長く引きずることもなくなる。

始まりはいつも新鮮だ。嫌なことがあっても次の日があるというのは有難いことだ。一晩過ごせば必ず新しい朝が来る。朝は一日の始まりであり、人生の新たな始まりなのだ。

だから嫌なことがあっても、朝は必ず来るのだと思って待っていればいい。始まりの気持ちを持てば、終わったことはみなチャラになる。

「終わり」を「始まり」にすれば、今日するすべてのことは「始まり」だけになる。人生に「終わり」はない。新たな一歩を、そんな気持ちで踏み出してみてはどうだろうか。

著者略歴

桜井章一（さくらい・しょういち）

1943年東京・下北沢生まれ。大学時代に麻雀を始め、裏プロとしてデビュー。以後、圧倒的な強さで勝ち続け、20年間無敗の「雀鬼」の異名をとる。現役引退後は、「雀鬼流漢道麻雀道場 牌の音」を開き、麻雀を通して人としての道を後進に指導する「雀鬼会」を始める。モデルになった映画や漫画も多く、講演会などでその雀鬼流哲学を語る機会も多い。著書に『負けない技術』『流れをつかむ技術』『運を支配する』『感情を整える』『群れない生き方』など多数。

雀鬼語録 桜井章一名言集

二〇二三年 九月 一五日 第一刷発行

著者 桜井章一《さくらい しょういち》
発行者 鈴木勝彦
発行所 株式会社プレジデント社
〒一〇二－八六四一 東京都千代田区平河町二－一六－一 平河町森タワー一三階
https://www.president.co.jp/
電話 販売 〇三－三二三七－三七三一

販売 桂木栄一 高橋 徹 川井田美景 森田 巌 末吉秀樹 庄司俊昭
編集 村上 誠
制作 関 結香
編集協力 髙木真明
印刷・製本 中央精版印刷株式会社
写真 北村泰弘、野辺竜馬、Shutterstock
造本装幀 岡 孝治

©2023 Shoichi Sakurai

ISBN978-4-8334-4055-4 Printed in japan

落丁・乱丁本はお取り替えいたします。